KB136096

프로그래머 장관 오드리 탕,
내일을 위한 디지털을 말하다

프로그래머 장관 오드리 탕, 내일을 위한 디지털을 말하다

디지털과 AI가 가져올 소외 없는 세상

초판 1쇄 2021년 7월 21일

지은이 오드리 탕 인터뷰·프레지던트 서적편집팀 편집
옮긴이 안선주
발행인 최홍석

발행처 (주)프리렉
출판신고 2000년 3월 7일   제 13-634호
주소 경기도 부천시 원미구 길주로 77번길 19 세진프라자 201호
전화 032-326-7282(代)   팩스 032-326-5866
URL www.freelec.co.kr

편집 박영주 서선영 고대광
표지디자인 황인옥
본문디자인 박경옥

ISBN 978-89-6540-303-6

이 책은 저작권법에 따라 보호받는 저작물이므로 무단 전재와 무단 복제를 금지하며, 이 책 내용의 전부 또는 일부를 이용하려면 반드시 저작권자와 (주)프리렉의 서면 동의를 받아야 합니다.
책값은 표지 뒷면에 있습니다.
잘못된 책은 구입하신 곳에서 바꾸어 드립니다.
이 책에 대한 의견이나 오탈자, 잘못된 내용의 수정 정보 등은 프리렉 홈페이지 (freelec.co.kr) 또는 이메일(webmaster@freelec.co.kr)로 연락 바랍니다.

프로그래머 장관 오드리 탕, 내일을 위한

디지털을 말하다

THE FUTURE OF
DIGITAL INNOVATION

디 지 털 과 A I 가 가 져 올 소 외 없 는 세 상

오드리 탕 인터뷰 · 프레지던트 서적편집팀 편집
안선주 옮김

프리렉

일러두기

독자의 깊은 이해를 돕기 위해 본문 하단에 각주를 추가했습니다.
*로 시작하는 각주는 편집자가 추가한 편집주이고,
**로 시작하는 각주는 역자가 추가한 역자주입니다.

AUDREY TANG DIGITAL TO AI NO MIRAI WO KATARU

By AUDREY TANG

Original Chinese language translated into Japanese language by Tomohisa Hayakawa.

Copyright ⓒ PRESIDENT Inc. 2020

Korean translation copyright ⓒ 2021 by FREELEC

All rights reserved.

Original Japanese language edition published by PRESIDENT Inc.

Korean translation rights arranged with PRESIDENT Inc.

Through Lanka Creative Partners co., Ltd. (Japan). And Duran Kim Agency

이 책의 한국어판 저작권은 듀란킴 에이전시를 통한
PRESIDENT Inc.와의 독점계약으로 프리렉 출판사에 있습니다.
저작권법에 의하여 한국 내에서 보호를 받는 저작물이므로 무단전재와 무단복제를 금합니다.

저자 소개

오드리 탕 Audrey Tang 唐鳳
대만 디지털 담당 정무위원, 대만 컴퓨터의 10대 거인 중 한 명

1981년 대만 타이베이시에서 태어났다. 어려서부터 컴퓨터에 관심을 갖고 열두 살 때 Perl을 배우기 시작했다. 15세에 중학교를 중퇴하고 프로그래머로서 스타트업 기업 몇 개를 설립했다. 19세 때는 실리콘밸리로 건너가 소프트웨어 회사를 창업하기도 했다.

2005년, 프로그래밍 언어 'Perl 6(현 Raku)' 개발에 공헌한 것을 계기로 세계적으로 주목받았다. 같은 해 트랜스젠더임을 공표하고 여성으로서 자신을 재정의했다(현재는 '무성별'). 2014년에는 미국 애플의 디지털 고문으로 취임, Siri 등 고급 인공지능 프로젝트에 참가한 바 있다.

2016년 10월, 차이잉원 정부 행정원(내각)에 입각, 대만 사상 최연소(35세)로 무임소 각료인 정무위원(디지털 담당)에 임명되었다. 이후 부처를 넘나들며 행정 및 정치의 디지털화를 주도하고 있다.

2019년 미국의 외교전문지 <포린 폴리시(Foreign Policy)>에서 '글로벌 사상가 100인'에 선출되었다.

시작하며

안녕하세요. 오드리 탕입니다. 현재는 대만의 행정원(우리나라의 행정부에 해당) 각료의 일원인 디지털 담당 정무위원으로 일하고 있습니다.

2020년, 세계적으로 감염이 확산된 신종 코로나바이러스(COVID-19, 이하 '코로나19'로 통일하여 지칭)는 여러 의미에서 인류 역사에 남을 사건이었다고 생각합니다. 물론 아직 현재 진행형 이야기이고 앞으로의 상황은 예측하기 어렵지만 전 세계 사람들에게 2020년은 평생 잊을 수 없는 해가 되었을 것입니다.

저는 행정원 각료로서 대만의 코로나19 감염 확대 방지책의 한 축을 담당했습니다. 다행히도 극히 소수의 감염자와 사망자 발생에 그치며 전 세계로부터 대만이 추진한 대책이 주목을 받게 되었습니다.

요즘 저는 정무위원으로서 맡은 일을 소화하는 한편으로 거의 매일 국내뿐만 아니라 해외 미디어와의 인터뷰, 온라인 심포지엄

등의 행사에 초대되어 대만의 대책을 전 세계와 공유하는 일로 바쁜 나날을 보내고 있습니다. 그 가운데 IQ(지능지수)나 트랜스젠더, 중학교 중퇴 학력 등 제 개인사에 관한 질문도 많이 받습니다.

사람들과 이야기하기를 좋아하는 저는 '인터뷰나 강연 내용을 인터넷으로 공개해야 한다'는 조건을 상대방이 받아들이기만 하면 취재와 인터뷰, 행사 등의 강연을 시간이 허락하는 한 수락하고 있습니다. 한편으로는 매번 같은 질문을 받아서 조금 난처하기도 했습니다.

그러던 차에 일본의 한 출판사에서 책을 집필하지 않겠느냐는 제안을 받았고, 제가 지금까지 전달해 온 코로나19 대책에 관한 정보와 디지털이나 AI 등 기술에 대한 생각들을 정리할 수 있는 좋은 기회라는 생각이 들었습니다.

이 책에는 여덟 살 때 프로그래밍 독학을 시작한 이래 지금까지 약 30년 동안에 걸쳐 디지털 세계에 관여해 온 제 관점에서, 기술이 세상을 어떻게 바꾸는지, 또 사람은 기술을 어떻게 마주하고 활용해 나가면 되는지를 바라본 나름의 생각이 담겨 있습니다.

디지털이 사회에 활용되면서 생활이 편해진 것을 높이 평가하는 한편으로, 기술의 진화에 따라가지 못하고 뒤처지거나 일자리를 빼앗길 것이라고 우려하는 목소리도 있습니다. 또 개인정보가 일부 기업이나 국가에 축적되는 것에 두려움을 안고 있는 사람도 늘고 있습니다.

그러나 이 책에서 이야기하는 것처럼 디지털은 어디까지나 도구에 지나지 않으며 그 성패를 가르는 열쇠는 활용하는 쪽이 가지고 있음은 두말할 필요가 없습니다. 무엇보다 디지털은 국경과 권위를 넘어 다양한 사람들의 의견을 폭넓게 모을 수 있는 기능이 탁월합니다. 결코 두려워할 존재가 아닙니다.

　이 책에는 이러한 발상을 키워 온 저의 근간을 이루는 성장기와 현재에 이르기까지의 과정을 필요에 따라 실었습니다. 이 책이 새로운 시대를 살아가는 여러분에게 부디 참고가 되기를 바랍니다.

2020년 11월 길일

오드리 탕

차 례

저자 소개   005

시작하며   007

서문: 신뢰를 디지털로 연결한 대만의 코로나19 대책   014

1장   AI로 여는 새로운 세상: 031
디지털을 활용해 더 나은 사회를 만들다

디지털 기술은 결코 사회의 방향성을 바꾸는 것이 아니다   033

대만이 5G를 지방에서부터 도입하는 이유   035

인간이 AI에게 이용될 것이라는 걱정은 기우에 불과하다   038

AI는 어디까지나 인간을 돕는 도구이다   041

AI는 인류가 어느 방향으로 나아가고 싶은지를 묻고 있다   042

결론까지의 프로세스를 설명할 수 없는 딥러닝   046

사회의 어느 위치에 딥러닝을 둘 것인지 생각하다   051

경쟁 원리를 버리고 공공의 가치 창출을 추구하다   054

AI와 인간은 도라에몽과 노진구처럼 상호 보조적인 관계   057

고령자가 디지털을 사용하기 어렵다면, 사용하기 편하게 고치면 된다   059

타인의 이야기를 들으며 새로운 시점을 얻는다   062

세대의 벽을 넘어 청년과 고령자가 함께 만드는 '청은공장'   064

디지털 사회의 발전에는 포용의 힘이 필수다   068

AI를 활용하여 누구나 마음에 여유를 가지는 사회를 만들다   070

2장 공익의 실현을 목표로: 나를 만들어 온 것

가족, 그리고 일본과의 인연 075

부모님에게 배운 크리티컬 씽킹과 크리에이티브 씽킹 078

모든 것의 시작이 된 '프로젝트 구텐베르크'와의 만남 082

열네 살에 학교를 떠나 인터넷으로 독학을 시작하다 085

AI 추론과 비트겐슈타인의 철학 088

열다섯 살에 창업하고 열여덟 살에 미국으로 건너가다 091

서른세 살에 비즈니스에서 은퇴하고 Siri 개발에 참여하다 093

가라타니 고진의 '교환양식X'에서 받은 큰 영향 095

디지털 공간은 미래의 모든 가능성을 고려하기 위한 실험 장소 099

3장 디지털 민주주의: 국가와 국민이 쌍방향으로 논의할 수 있는 환경을 마련하다

처음으로 정치와 관계를 맺게 해준 해바라기 학생운동 105

나는 권력에 얽매이지 않는 보수적 아나키스트 110

사상 첫 여성 총통이 된 차이잉원과 대만 정치의 선진성 113

자신이 무엇을 하고 싶은지가 아니라 사람들이 무엇을 원하는지 생각한다 116

'For the people'에서 'With the people'로 118

대만의 국제공헌과 '신대만인'의 기초를 다진 리덩후이 120

처음으로 참여한 선거에서 실감한 한 표의 무게 122

디지털 담당 정무위원 취임 제안을 수락한 이유 124

디지털 기술로 여러 부회에 걸친 문제를 해결하다 125

인터넷은 소수자의 목소리를 건져 올리는 중요한 도구 128

보이지 않는 문제를 드러내고 해결하기 위해 창설한 PDIS와 PO 130

이야기를 경청하여 공통의 가치관과 해결책을 이끌어내다   133

PO는 전문성과 독립성을 가진 전문가 집단   136

디지털 민주주의에 잠재된 위험성은 아날로그 시대부터 계속된 것이다   138

민주주의는 한 사람 한 사람의 공헌으로 전진해 나간다   141

쌍방향으로 실현된 인터넷 평등   143

'모두의 일을 함께 돕는다'는 정신으로 사회를 변혁하다   146

4장 소셜 이노베이션: 한 사람도 소외시키지 않는 사회 개혁을 실현하다   149

경계를 허무는 것에서 시작하는 오픈 거버먼트   151

공통의 가치를 발견하여 이노베이션으로 이어나가다   155

마이너리티에 속해 있기 때문에 가능한 제안이 있다   158

시대의 흐름과 함께 자연스럽게 정리되는 문제: 동성혼 문제를 해결한 지혜   161

효과를 체감할 수 있는 부분부터 개선해 나간다   163

심부름꾼 중의 심부름꾼이 되다: 사회의 지혜가 만드는 일   166

AI를 활용한 사회 문제 해결을 겨루는 '총통배 해커톤'   167

인간사회를 개선하는 보조 지능으로 AI를 활용하다   170

가운뎃점(·)으로 연결함으로써 일어나는 이노베이션   173

인클루전과 관용의 정신은 이노베이션의 기초가 된다   176

세 가지 키워드: 지속 가능한 발전, 이노베이션, 인클루전   178

미래를 모델화하여 여러 방식을 시도하다   182

적극적인 디지털화로 DX 속도를 높여가고 있는 대만의 중소기업   185

이노베이션을 추진할수록 창의적인 일이 된다   187

5장 프로그래밍 사고: 디지털 시대에 도움이 되는 소양을 지니다

도시와 지방의 교육 격차를 바로잡는 디지털 학습 파트너　　　193

온라인 수업의 편리성과 가능성　　　195

중요한 것은 아이들의 관심이 어디에 있는지 어른들이 이해하는 것　　　197

흥미나 관심사를 찾지 못했다면 대학 진학은 의미가 없다　　　200

다양한 학습 도구로 학습하는, 평생에 걸친 학습 능력이 중요해진다　　　202

디지털 기량보다 소양을 중시하다　　　204

여덟 살 때 분수의 개념을 가르치는 프로그램을 작성하다　　　208

사회 문제 해결의 기초가 되는 컴퓨팅 사고　　　211

디지털 사회가 요구하는 세 가지 소양: 자발성, 상호이해, 공화　　　213

스마트폰용 사전 만들기에서 시작된 '모에딕' 프로젝트　　　215

STEAM+D 교육의 근간을 이루는 과학(S)과 기술(T)　　　220

과학기술로는 해결할 수 없는 문제에 대처하기 위해 미(美)의식을 키운다　　　223

보편적 가치를 찾기 위해 사고방식이 다른 사람들과 어울리다　　　226

마치며: 디지털화 성공의 열쇠는 디지털 네이티브 세대가 쥐고 있다　　　229

저자의 말　　　233

찾아보기　　　236

서문:

신뢰를 디지털로 연결한 대만의 코로나19 대책

사스 경험을 살린 대만의 코로나19 감염 확산 방지 방안

대만은 올해(2020년) 전 세계에 감염이 확산된 신종 코로나바이러스(COVID-19) 봉쇄에 일찍이 성공했습니다. 이는 차이잉원(蔡英文) 총통의 말대로 '의료전문가와 정부, 민간, 사회 전체의 노력'이 합쳐진 결과입니다.

대만은 바이러스의 정체가 드러나기 전부터 국경을 중심으로 감염 확산 방지에 전력을 기울였습니다. 구체적으로는 1월 20일에 재빨리 위생복리부(우리나라의 보건복지부에 해당) 아래 '중앙전염병지휘센터(CECC, Central Epidemic Command Center)'를 설립하고 각 부회(우리나라의 중앙행정기관에 해당)가 연계하여 방역 대책에 나설 태세를 구축했습니다.

그리고 1월 21일에 중국 우한(武漢)에서 귀국한 대만인 여성의 감염이 확인되자 다음날 우한에서 오는 단체 관광객의 입국 허가를 취소하였고, 24일에는 중국 본토의 모든 단체 관광객의 입국을 금지했습니다. 이와 동시에 스마트폰을 활용하여 감염 경로를 확인하고 감염자와 접촉했을 가능성이 있는 사람들을 추려 접촉자 모두에게 알림 메일을 보냈습니다. 민간기업에 마스크 증산을 요청하고 정부가 전량을 사들여 모든 사람에게 공급될 수 있도록 대책을 강구했습니다.

이러한 신속한 대응으로 감염 확산을 막은 결과, 대만은 다른 나라에서 실시한 록다운(도시봉쇄)과 휴교, 음식점 강제 휴업을 시행하지 않아도 됐습니다. 록다운은 바이러스 봉쇄에 확실한 효과를 발휘하지만, 경제적인 측면에서 대가를 치러야 합니다. '신종 코로나바이러스의 만연'이라는 위기 상황에서는 사회의 번영을 여러모로 고려해야 하는 한편 방역 대책도 실시해야 합니다. '사회 번영'과 '방역 대책'의 양립을 성공시킨 것은 대만에 건전한 민주주의 체제가 뿌리내린 증거라고 생각합니다.

대만은 일상생활을 유지하면서 방역에 성공하였고 그 결과로 코로나19의 역경 속에서도 GDP 플러스 성장을 실현했습니다. 경제, 민주주의, 인권 중 그 어느 것에서도 큰 손실을 입지 않았습니다. 이후 '대만은 도울 수 있다(Taiwan Can Help)'라는 슬로건을 내걸고 각국에 대량의 마스크와 방호 용품을 보내는 의료 외교에 착수했습니다. 이러한 대만의 행보는 세계적으로도 주목을 받았습니다.

대만이 이번 코로나19 감염 확산 방지에 성공한 이유의 하나로

2003년에 유행한 사스(SARS, 중증급성호흡기증후군)의 경험을 들 수 있습니다. 대만에서는 사스로 인해 346명의 감염자와 73명의 희생자가 발생했습니다. 타이베이(台北) 시내 병원이 2주에 걸쳐 봉쇄되는 사태도 일어났습니다. 그때 '록다운은 결코 사회적으로 유익한 효과를 가져오지 않는다'는 교훈과 '마스크 착용은 감염 예방에 효과가 높다'는 지견을 얻을 수 있었습니다. 다만 당시에는 "감염을 방지하려면 외과용 마스크인 'N95'가 아니면 효과가 없다"고 알려지면서 N95가 정말로 필요한 의료관계자에게 마스크가 배포되지 않는 문제도 일어났습니다.

당시 현장은 카오스나 다름없는 상태였습니다. 중앙전염병지휘센터(이후론 'CECC'로 통일하여 서술)와 같은 방역 대책을 지휘하는 전문조직도 존재하지 않았기 때문에 '중앙 정부와 지방 정부가 하는 말이 다르다'거나 '어느 쪽에서 정보를 취해야 할지 모르겠다'는 사람들의 불만의 목소리가 높아졌습니다. 사스가 수습된 후 정부는 이러한 과제를 하나씩 검토하고 해결해 왔던 겁니다.

올바른 지식을 채워 한 사람 한 사람이 이노베이션을 이루다

코로나19 대응에 나선 차이잉원 정권의 모두는 사스 유행 당시의 경험을 공유하고 있습니다. 역학 연구자 출신인 천젠런(陳建仁) 전(前) 부총통(2020년 5월 퇴임)을 비롯하여 대부분의 구성원이 사

스 유행 전후로 중요한 직책을 맡고 있었습니다. 또 현(現) 정권 내에는 감염증과 공중위생 분야의 전문가가 대거 포함되어 있습니다. 이는 '공중위생 측면에서 소수의 사람이 수준 높은 과학 지식을 가지고 있는 것보다 대다수의 사람이 기본적인 지식을 가지고 있는 편이 중요하다'는 것을 학습한 결과라고 생각합니다.

기본적인 지식을 지닌 사람이 많으면 많을수록 정보를 재고하여 서로 의견을 내고 대책을 강구할 수 있습니다. 반대로 소수의 사람만이 수준 높은 과학 지식을 갖는다는 것은, 무슨 일이 일어나는지 이해하지 못하는 사람이 많다는 것을 의미합니다. 상상해 보세요. 만일 전대미문의 사건이 일어났는데 아무에게도 의논하지 못하고 오로지 당신에게만 결정권이 있다면 과연 정확한 판단을 내릴 수 있을까요? 이 경우만 보더라도 정보의 공유가 얼마나 중요한지 이해할 수 있을 겁니다.

이와 함께 중요한 개념이 '임파워(Empower)'입니다. 임파워는 문제나 사건에 직면했을 때 즉각적으로 반응하고 상황을 바꿔 나가려는 노력과 힘을 의미합니다. 누가 강제로 시키지 않아도 주체적으로 행동하고, 난처한 사람에게 적극적으로 손을 내미는 힘을 많은 사람이 가지면 어려운 문제도 해결로 이끌 수 있습니다.

이번 코로나19 사태에서 대만인들이 바로 '임파워'와 같은 행동을 취했다고 생각합니다. 대만인들은 17년 전에 사스를 경험하며 '바이러스는 사회를 뒤흔드는 것'임을 깨달은 동시에 많은 교훈을 얻었습니다. 구체적으로는 가령, '증상이 나타나지 않아도 바이러스에 감염된다'는 사실입니다. 그래서 대만 사람들은 왜 신종 코로나바이러스 대책에 엄격해야 하는지 그 이유를 잘 이해하고 있습니다.

대만의 거리에서 누군가에게 왜 비누로 손을 씻어야 하는지 물어보세요. 질문을 받은 사람은 틀림없이 "비누로 씻어야 바이러스를 없앨 수 있으니까"라고 대답할 것입니다. 물로만 씻어서는 의미가 없고, 비누로 씻지 않으면 씻지 않은 것이나 다름없다는 사실을 이해하고 있는 겁니다. 반대로 말하면 '이 바이러스는 비누로 씻어낼 수 있다'는 기본적인 지식을 가지고 있는 셈입니다. 이 점이 중요한 부분입니다.

대만 사람들은 CECC가 매일 기자회견에서 발표하는 정보를 진지하게 받아들이고 신종 코로나바이러스라는 새로운 감염증에 대한 지식을 넓혀 나갔습니다. 그리고 자기 자리에서 어떻게 하면 더 나은 방법으로 바이러스에 맞서 나갈지를 고민하며 한 사람 한 사람이 이노베이션을 이루어 나간 것입니다.

민주주의 사회에서는 이노베이션이 사회 전체로 퍼져 나갑니다. 민주주의 사회에서 이노베이션이란, 중앙에 있는 극소수의 사람들이 다른 대다수의 사람에게 강제하는 것이 결코 아닙니다. 따라서 중앙의 상황과 지역의 상황이 다르면 각자 상황에 맞는 새로운 방법이 만들어지게 됩니다. 이는 대만인들이 이 바이러스의 구조를 정확하게 이해하고 있었기 때문이라고 할 수 있겠지요.

이러한 과정을 통해 정부와 사람들 사이에 팬데믹(세계적 대유행)에 대비하기 위한 의식이 공유되어 왔습니다. 이번에 철저한 손 씻기, 사회적 거리두기, 마스크 착용과 같은 정부의 지침을 사람들이 즉각 실행에 옮길 수 있었던 가장 큰 핵심에는 바로 이러한 의식의 공유가 있었습니다.

코로나19 대책 중 마스크 문제는 어떻게 해결했는가?

코로나19 대응과 관련하여 정부가 대처해야 하는 큰 과제 중 하나가 마스크 공급이었습니다. 사스 경험의 반성을 바탕으로 의료 관계자에게는 독자적인 마스크 유통 경로가 확보되어 있었기 때문에 공급에 차질이 일어나지 않았지만, 문제는 일반인들에게 어떻게 하면 빨리 마스크를 공급할 수 있을지였습니다.

당초 정부는 편의점이나 약국에서 누구나 마스크를 3장까지 구입할 수 있도록 하는 정책을 추진했습니다. 그런데 한 사람이 여러 곳에서 마스크를 구입하는 문제가 발생했습니다. 편의점 한 곳에서 마스크를 구입한 사람이 다른 편의점에서 또 마스크를 구입해도 편의점 측에서는 확인할 방법이 없었습니다. 실제로 이 방식이 도입되고 나서 곧바로 마스크가 품절되어 패닉 상태에 빠질 뻔하기도 했습니다.

대만에서 편의점을 관할하는 정부기관은 경제부(우리나라의 산업통상자원부에 해당)이고 마스크 생산도 경제부가 관할합니다. 경제부는 다시 몇 개의 하위 부서인 부국으로 나뉘어 편의점은 상업국, 중소기업부, 국제무역국 등이 관여하고 마스크 생산은 공업국이 관여하는 등 제각각 소관 업무가 달랐습니다. 그래서 먼저 경제부 내에서 각 부문 사이의 조정이 필요했습니다.

다음으로 각지에 마스크를 배송하는 문제는 경제부에서만 대처할 수 있는 문제가 아니었습니다. 경제부는 비즈니스나 거래를 위해 존재하는 기관이 아니라 각 업계와 업종의 입장을 대변하여 일하는 곳이기 때문입니다.

그리고 감염증은 위생복리부(우리나라의 보건복지부에 해당) 소관이고 마스크를 질병 대책에 어떻게 활용할지 정책을 결정하고 시행하는 곳은 그 하부 조직인 질병관제처(우리나라의 질병관리청에 해당)입니다. 약국은 위생복리부 아래 있는 식품약물관리처, 전민건강보험카드(건강보험증)는 건강보험처 관할입니다.

이처럼 마스크 대책에는 경제부와 위생복리부라는 두 개의 부회와 적어도 여섯 개의 부국01이 관여하고 있습니다. 여기에 매일 마스크 배송을 도맡아 하는 우편국(우리나라의 우정사업본부에 해당)을

---

01 * 우리나라의 국방부, 행정안전부와 같은 '부처'를 말할 때, 대만에서는 '부회'와 '부국'이라는 용어를 사용한다.

관할하는 교통부(우리나라의 국토교통부에 해당)도 관여되어 있습니다.

이렇게 하나의 부회에서 해결할 수 없는 문제가 생긴 경우, 부회 사이의 상이한 가치를 조정할 필요가 있습니다. 바로 이러한 부회 사이를 넘나드는 문제를 디지털 기술로 해결해 나가는 과제가 디지털 담당 정무위원[02]인 저에게 맡겨졌습니다(**그림1**). 참고로 현재 행정원에는 저를 포함하여 9명의 정무위원이 있습니다.

02 　* 오드리 탕은 특정 부회나 기관에 소속되지 않은 무임소 장관으로, 우리나라의 장관급에 해당하는 직위를 지니고 있다. '정무위원'이 공식 직함이지만 국내 독자들의 빠른 이해를 돕기 위해, 언론과 미디어에서는 '디지털 장관' 혹은 'IT 장관'으로 칭하기도 한다.

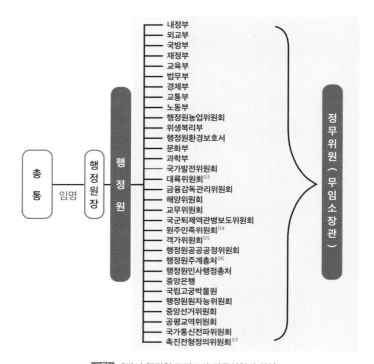

그림1 대만의 행정원 조직도와 정무위원의 위치

---

03 * 대륙위원회: 중화인민공화국(중국)에 관한 업무 전반을 담당. 대 중화인민공화국 정책의 연
    구, 중국 대륙 관련 정보의 수집과 분석, 타이완 해협 양안 사이의 교류와 협력에 관한 법률
    의 처리 등.

04 * 원주민족위원회: 대만의 선주민(한족 이전에 거주하던 원주민) 관련 업무(거주지 보호, 복지, 전
    통문화 보존 등)를 총괄.

05 * 객가위원회: 소수민족인 '객가인'에 관한 업무를 총괄. 원주민족위원회와 하는 업무는 비
    슷하나, 그 대상이 '객가인'이다.

06 * 행정원주계총처: 우리나라의 통계청과 동일한 역할.

07 * 촉진전형정의위원회: 일종의 과거청산위원회. '타이완 광복'을 맞은 후 당시 국민정부로 불
    렸던 중국국민당 정부가 권위주의 전제 정치를 실시하면서 벌어졌던 인권 탄압 등을 청산하
    고, 당시 억울하게 옥고를 치르거나 희생된 사람들에게 배상 및 명예회복 진행.

몇 차례에 걸쳐 관련 부국이 모여, 마스크 대책 회의를 진행했습니다. 매번 각 부국에서 건의하는 문제를 논의하였는데, 그 주제는 정부 내 건의안에 국한되는 것은 아니었습니다.

　예를 들어 1922(대만 정부가 코로나19 대책의 일환으로 마련한 직통 전화번호)로 시민에게서 새로운 아이디어를 정부지휘센터에 전달해 달라는 전화가 왔을 때, 그 아이디어를 주제로 논의한 적도 있습니다. 한번은 초등학생 아들이 분홍색 마스크를 학교에 쓰고 갔다가 친구들에게 웃음거리가 되었다는 어머니의 호소가 접수되어 대처 방법을 논의하기도 했습니다.

　그 밖에도 마스크를 재사용해도 되는지, '전기밥솥으로 가열하면 살균 가능하다'는 정부의 공고에 대해 정말로 물을 넣지 않고 가열해도 되는지 등을 문의하기도 했습니다. 민간에서 올라오는 이들 질문은 정부의 예상을 훨씬 뛰어넘는 내용이었습니다.

　사태가 진전되면서 '사람들에게 마스크를 두루 공급하여 사용하도록 하는 것은 코로나19 대책에서 매우 중요한 가치를 지닌다'는 인식이 정부 내에 공유되었고, 우리는 민간의 의견을 중시하며 정보를 제시한 사람들과도 소통하게 되었습니다.

대책 회의 결과, 대만의 국민개보험제도[08]를 활용하여 전민건강보험카드를 통한 마스크 실명제 판매를 도입하기로 했습니다. 단, 한 편의점에서 마스크를 구입하면 그 정보가 실시간으로 다른 점포와 공유되어야 합니다. 이미 구입했으니 더 구입할 수 없다는 정보가 전달되지 않으면 또다시 여러 곳에서 마스크를 구입하는 사람이 나오게 됩니다.

실명제 판매를 실현하기 위해 전민건강보험카드뿐만 아니라 신용카드와 사용자 등록식 요요(悠遊)카드[09](우리나라의 티머니와 같은 비접촉식 IC 카드)를 이용한 캐시리스(Cashless) 결제를 활용하기로 했습니다. 이 방식이라면 누가 마스크를 구입했는지 확실하게 파악할 수 있습니다.

그런데 막상 시작하니, 이 방식으로 마스크를 구입한 사람은 전체의 40%밖에 되지 않았습니다. 다시 말해 사용자 등록을 하지 않고, 구입하고 바로 요요카드를 사용하거나 현금을 사용하는 것에 익숙한 고령자에게는 불편한 방식이었던 겁니다. 이는 단순한 정보 격차(Digital Divide)의 문제가 아닙니다. 방역 정책의 공백입니다. 마스크를 구입할 수 있는 사람과 구입할 수 없는 사람의 비율이 반

---

08 * 국민개보험(國民皆保險)제도란 우리나라와 대만, 일본, 프랑스 등과 같이 모든 국민이 강제적으로 공적건강보험에 가입하는 제도를 말한다.

09 ** 한자 발음은 '유유'이고 중국식 발음은 '요요'이다.

반이라면 방역의 의미를 충족할 수 없습니다. 그렇더라도 고령자에게 익숙한 미등록 요요카드나 현금을 사용하는 대신에, 앞으로는 요요카드를 등록하고 사용하라거나 캐시리스 결제를 배우라고 다그칠 수는 없는 노릇입니다.

일단 이 방식은 중지하기로 하고 약국에서 차례를 기다려 전민건강보험카드로 마스크를 구입하는 방식을 도입하기로 했습니다. 이 방식이라면 고령자에게 익숙한 데다 그들에게는 줄을 서서 기다릴 시간적 여유도 있습니다. 가족의 전민건강보험카드를 가지고 가면 대신 구입할 수도 있어서 자신이 가족에게 도움을 준다는 만족감도 가질 수 있었던 것 같습니다.

줄을 서서 구입하는 방식은 부담이 크고, 편의점에서 구입하는 방식과 비교하면 시간적 비용도 듭니다. 하지만 결과적으로는 70~80%의 사람들이 마스크를 구입할 수 있게 되었으니 대만의 방역에 큰 역할을 했습니다.

다음으로 줄 서서 마스크를 구입할 시간적 여유가 없는 사람들을 위해 스마트폰을 이용하여 편의점에서 마스크를 구입하는 시스템을 도입했습니다. 타이베이에서는 마스크 자동판매기를 설치하여 캐시리스 결제로 구입할 수 있도록 했습니다. 단, 누가 마스크를 구입했는지의 정보는 중앙건강보험처로 연결되도록 했습니다. 중앙건강보험처는 타이베이시의 시정과 연결되고 나아가 타이베이시 정부 내 위생국과 정보기술국과도 연결되어 정보를 공유할 수 있었습니다.

일련의 마스크 대책에서 중요했던 것은 문제를 처리하는 순서였습니다. 우선 대면으로 혹은 각종 서류로만 일에 대응하는 사람들이 지닌 문제를 처리하고, 좀 더 편리하고 빠른 방식을 이용하길 원하는 사람들의 의견에 대응해 나갔습니다. 그 결과 중앙 부회의 각 부국, 외국(外局)[10], 지방자치단체의 스마트시티사무국, 약국, 민간 과학기술 관련 기업 등 모든 분야와 기관을 넘나들며 전체를 통합함으로써 마스크 정책은 한 걸음 전진하게 되었습니다.

마스크 실명제 판매를 추진한 초반에는 편의점에서 마스크를 판매하고, 이후에 약국 판매로 전환했습니다. 편의점에서 판매한 기간은 불과 사나흘이었지만 그 사이에 큰 혼란이 야기되었습니다. 어느 편의점에 얼마큼 재고가 있는지 알 수 없었던 것이 혼란의 원인이었습니다. 해외에서도 화제가 된 대만의 마스크 지도 아이디어는 이러한 상황에서 탄생했던 겁니다.

마스크 지도가 만들어진 계기는 대만 남부에 사는 한 시민이 근처 편의점의 마스크 재고 상황을 조사하여 지도 앱으로 공개한 것이 시작이었습니다. 저는 그 사실을 채팅 앱 '슬랙(Slack)'을 통해 알게 되었습니다. 정부의 정보 공개 및 디지털화를 추진하는 슬랙 채널에는 8,000명 이상의 시빅해커(Civic Hacker, 정부가 공개한 데이터를

---

10   * 외국(外局): 중앙행정기관에 직속되어 있으면서 독립적인 특수사업을 집행하는 기관.

활용하여 앱이나 서비스를 개발하는 민간 개발자)가 참여하고 있으며, 코로나19 대책에 한정하더라도 당시 500명 이상의 시빅해커가 참여하고 있었습니다.

제가 마스크 지도 제작을 제안하고 행정부에서 마스크 유통 및 재고 데이터를 민간에 공개하자 시빅해커들이 협력하여 어느 점포에 마스크 재고가 얼마나 있는지 실시간으로 알 수 있는 지도 앱을 잇달아 개발했습니다. 마스크 지도를 이용하여 누구나 안심하고 효율적으로 마스크를 구입할 수 있게 된 것입니다. 이러한 과정을 거쳐 대만의 코로나19 감염증 방지의 중요한 포인트였던 마스크 대책은 성공을 거둘 수 있었습니다.

정부와 사람들 간 신뢰 관계의 상징이 된 전민건강보험제도

앞서 말했듯이 대만 마스크 대책의 기반은 국민개보험제도에 해당하는 전민건강보험제도였습니다. 이는 대만인들이 정부의 중앙건강보험처를 신뢰하고 있다는 증거이기도 합니다. 많은 사람이 정부보다 민간 보험회사를 신뢰하고 보험회사가 비즈니스로써 경쟁력을 갖춰 책임감 있게 사람들의 건강을 뒷받침하는 상태였다면 전민건강보험제도가 이만큼 제대로 기능하는 상황은 불가능했을 것입니다.

그렇다면 왜 대만에서는 많은 사람이 정부의 보험을 신뢰하는 걸까요? 그것은 전민건강보험쟁의심의회에서 논의되는 모든 프로세스가 원고의 토씨 하나까지 투명하게 공개되기 때문입니다. 제가 디지털 담당 정무위원으로 취임하기 이전부터 마련되어 있던 시스템입니다. 정부는 건강보험심의회에서 개정이 이루어질 때마다 모든 자료를 투명화하고 어떤 작업이 진행되는지 국민에게 공개하고 있습니다.

2002년과 2003년에 사회 각 계층과 연령, 그리고 지방에서 대표자가 모여 전민건강보험제도 자체에 대해 심의한 적이 있습니다. 전민건강보험제도는 이러한 과정을 거치며 사회의 다양한 의견을 모아 형성된 융합적인 제도라고도 할 수 있습니다. 이러한 배경이 있기에 전민건강보험제도의 정당성은 민간 보험회사와 비교해도 손색이 없으며 신뢰를 받기에 충분한 것입니다.

동시에 이 제도는 정부와 사람들 간의 신뢰 관계를 의미합니다. 정부가 사람들을 신뢰하지 않았다면 이번에도 강제로 관리했을 겁니다. 즉, 사람들이 스스로 관리할 수 없다는 이유로 형벌에 의한 위하와 감금, 강제 록다운과 같은 수단을 동원할 수밖에 없었을지도 모릅니다.

하지만 CECC는 당초부터 긴급사태를 선언할 만한 수준은 아니라고 했습니다. 긴급사태를 선언하면 강제 조치를 취할 수 있지만 적절하지 않으며, 긴급사태를 선언하지 않아도 국민이 자발적으로 정부에 협력하는 것이 중요하다는 생각이 기저에 있었던 겁니다.

예를 들어 이전에는 술집과 클럽처럼 익명성이 높은 장소는 방역에 협조해 주지 않을 것이라고 여겨졌습니다. 그러나 CECC의 천스중(陳時中) 지휘관은 업주들을 믿고 실명 등록과 사진 기록 등의 방역 방식을 제안했습니다. 결과적으로 술집과 클럽도 이 제안을 따르면서 영업을 계속할 수 있었습니다.

처음부터 누군가 위반할 것이라는 선입관을 가지고 강제적인 방식을 선택하는 것은 좋은 방법이 아닙니다. 누구든 감염되고 싶은 사람은 없으니까 어떻게 하면 서로 협력할 수 있을지를 생각해야 합니다. 이러한 생각이 정부와 사람들 사이에 중요한 신뢰의 원천을 이루어 양측에 상호 신뢰를 형성했고, 이것이 바로 대만에서 감염 확산을 막은 가장 큰 이유였다고 할 수 있습니다.

전민건강보험카드와 신용카드로 본인 확인을 거치고 행정기관의 데이터와 연결하는 방식은 IT를 활용하여 실현했지만, 그것은 정부와 사람들 사이에 신뢰 관계가 있었기에 이루어질 수 있었던 겁니다. 저는 이러한 상호 신뢰가 사회의 디지털화를 추진해 나갈 때 불가결한 전제 조건이 된다고 생각합니다.

1장

AI로 여는 새로운 세상:
디지털을 활용해
더 나은 사회를 만들다

AUDREY TANG

DIGITAL & AI

저는 어렸을 때부터 컴퓨터와 친숙했습니다. 저와 컴퓨터의 관계는 스티브 잡스가 말한 '마음의 자전거(Bicycle of Mind)'와도 같은 것이었습니다. 사람은 자전거라는 도구를 이용하여 보다 빠르게, 더 멀리 갈 수 있고, 심지어 산에 오르고 싶을 때는 산악자전거를 이용하여 큰 도움을 받습니다. 이 말은 도구로 이용되는 자전거가 사람보다 산을 잘 오른다는 의미가 아닙니다. 우리는 도구의 힘을 빌려 산에 오를 수도 있고, 산 정상에서 사진을 찍고 내려올 수도 있습니다. 여기서 중요한 것은, 도구가 아니라 당신이 스스로 어디에 가서 무엇을 했는가입니다.

디지털 기술은 결코 사회의 방향성을 바꾸는 것이 아니다

대만의 마스크 대책은 정부와 사람들의 신뢰 관계를 바탕으로 디지털을 활용하여 순조롭게 이루어졌습니다. 이 성공적인 대책에 디지털은 분명히 큰 위력을 발휘했습니다. 앞으로는 사회 곳곳에서 이러한 현상이 나타날 것입니다. 디지털을 효율적으로 활용하면서 우리 사회는 큰 변화와 진전을 맞이하게 될 것입니다.

　그러나 저는 모든 면에서 반드시 디지털 기술을 사용해야 한다고 생각하지는 않습니다. 예를 들어 코로나19를 막기 위한 최선의 방법은 비누를 사용하여 개인위생을 지키는 것이고, 두 번째로 좋은 방법은 알코올로 소독하는 것입니다. 이러한 방법들은 디지털 기술로 바꿀 수 없을 뿐만 아니라 비누나 알코올 소독을 과학기술로 대체할 필요도 없습니다.

　하지만 디지털 기술을 활용하여 비누 사용법을 보다 널리, 보다 빠르게 사람들에게 이해시키는 일은 가능합니다. 예를 들어 대만에서는 손 씻는 방법을 알려주는 노래를 만들었습니다. 이 노래를 인터넷으로 확산시키고자 디지털 기술을 활용하여 귀여운 캐릭터를 만들어내는 방법은 효과적이며 실제로 가능한 일입니다.

　그렇지만 디지털 기술만으로 사회의 방향성이 바뀌지는 않습니다. 노래나 캐릭터는 원래 우리가 갖고 있던 손 씻기 습관에, 좀 더 제대로 씻거나 비누를 사용하라고 개념을 더해주는 방법에 불과합니다. 그 결과, 최종으로 수렴되는 것은 제대로 손을 씻자는 극히 당연한 정보입니다.

한편으로는 디지털 기술을 활용하면 민간에서 사용하는 물의 양이 얼마나 변화했는지를 알 수 있습니다. 제대로 손을 씻자는 사고방식이 확산되고 나서 사람들이 손을 씻는 횟수가 늘었습니다. 손을 씻는 시간이 길어진 겁니다. 이는 물의 사용량이 증가했다는 데이터를 통해서도 명확히 드러납니다.

이 결과는 디지털이 비누를 대신할 기술이 되었음을 의미하지 않습니다. 비누로 손을 씻자고 호소한 결과 비누가 얼마만큼 사용됐는지는 모르지만 물의 사용량이 증가한 데이터를 통해 모두가 제대로 손을 씻고 있다고 추측할 수 있을 뿐입니다.

정부는 디지털로 사회의 방향성을 바꾸려는 것이 아닙니다. 같은 방향을 가리키면서 손을 씻자는 메시지를 디지털을 활용하여 보다 널리, 보다 빠르게 전달하려는 것뿐입니다. 디지털은 '민주주의'라는 사회의 방향성을 바꾸는 것이 아닙니다. 디지털이 가리키는 방향으로 사람들을 향하게 하려는 것도 아닙니다. 이는 코로나19 대책뿐만 아니라 지금 대만에서 추진되는 다양한 디지털화의 모든 시도에 해당된다고 단언할 수 있습니다.

대만이 5G를 지방에서부터
도입하는 이유

대만의 디지털화 현황을 살짝 살펴보겠습니다. 대만에서는 이미 5G(5세대 이동통신시스템)의 보급이 진행되고 있습니다. 4G와 5G의 가장 큰 차이는 5G가 지연되는 시간(Lag, 렉)이 훨씬 짧다는 것입니다. 예를 들어 제가 온라인 화상회의 시스템을 이용하여 해외 언론과 인터뷰할 때도 외국에 있는 인터뷰어의 반응을 거의 실시간으로 확인할 수 있습니다. 통신 속도가 향상되어서가 아니라 지연이 없어졌기 때문입니다.

속도의 빠름과 느림은 화면 너머의 상대방을 얼마큼 확실히 볼 수 있느냐의 문제입니다. 여기서 말하는 지연은 상대방이 고개를 끄덕인 후 내가 그것을 인식하기까지 얼마큼의 시간이 걸리냐는 것입니다. 예를 들어 브레이크를 밟고 나서 차가 멈추기까지의 시간이 지연입니다. 운전 중에 마주 오는 차와 부딪칠 것 같아서 경적을 울렸다면 상대방에게 소리가 들리기까지 지연이 생깁니다. 소리의 전파 속도에 한계가 있기 때문에 지연이 일어납니다.

4G 기술의 특징은 광섬유보다 속도가 떨어진다는 점입니다. 요컨대 자동 운전 상태에서 마주 오는 차와 충돌한 경우 충돌한 차끼리 4G로 통신했다면 부딪치고 나서야 마주 오는 차와 부딪칠 것이라는 신호가 전달됩니다. 이 상황이 5G 통신이었다면 신호가 먼

저 송신되기 때문에 마주 오는 차는 충돌을 피하려고 핸들을 꺾거나 곧바로 브레이크를 밟을 수 있습니다. 이 점이 4G와 5G의 큰 차이입니다.

5G를 공공으로 이용하려면 거액의 설비 투자가 필요합니다. 이를 정책으로 추진할 때는 먼저 4G의 이용률이 비교적 낮은 곳부터 5G 설비를 확보하는 것이 중요합니다. 다시 말해 인터넷 환경이 제대로 정비되어 있지 않은 지방에서부터 5G를 도입하는 것입니다. 이로써 지방에 사는 사람들의 학습 환경과 건강 관리에 대한 권리를 확보하고 개선을 기대할 수 있습니다.

지금까지 대만은 지방에 대규모 자금을 투입하는 설비 투자에 적극적이지 않았습니다. 그러나 5G는 도시에서부터가 아닌 지방에서부터 먼저 추진한다는 방침을 세웠고 현재 지방을 중심으로 5G 채널을 확보하기 위해 거액의 자금이 투입되고 있습니다.

왜 지방에서부터인지 의문을 가질 수도 있습니다. 그 이유를 설명하겠습니다. 지금까지 대만에서 시행된 원격 교육은 인터넷이 연결되어야 가능했습니다. 인터넷 환경이 갖춰지지 않은 산간이나 외딴섬에서는 원격 수업을 할 수 없었습니다. 정부는 공평하지 않다고 생각했습니다. 그래서 2019년부터 산악지역을 중심으로 설비 투자에 나섰습니다. 내정부(우리나라의 행정안전부에 해당)는 헬리콥터를 띄우는 등 가능한 방법을 총동원하여 아무리 높은 산이라도 전파가 닿도록 하고 있습니다. 2020년 안에 외딴섬이나 해상에서도 전파가 통할 수 있게 할 예정입니다(2021년 5월 기준 보급률 85%를 달성했다고 합니다. – 편집주)

대만에는 작은 섬들이 많아서 초등학생들이 카누를 타고 섬을 둘러보는 체험을 하곤 합니다. 작은 섬 사이를 누비듯이 노를 저으면서 카누를 즐깁니다. 만약 이때 문제가 생긴다면, 육지에 있는 사람의 도움 여부를 떠나서 가장 먼저 제대로 된 인터넷 환경이 있어야 합니다. 인터넷 환경 즉, 인터넷망은 그 자체가 안전망이 되어주기 때문입니다. 아무런 안전망이 없다면 아이들이 매우 위험한 상황에 처할 수도 있습니다. 안전망이 마련되어 아이들이 안심하고 탐험할 수 있다면 대자연은 훌륭한 선생님이 되어 줄 것입니다.

이러한 체험은 인간의 성장에 매우 귀중합니다. 아무런 체험도 할 수 없다면 우리는 그저 인공으로 만들어낸 건축물 안에 머물러 있을 수밖에 없습니다. 인터넷에 연결되어 있는 것만으로는 대자연으로 들어가는 기분을 실감할 수 없겠지요. VR(Virtual Reality, 가상현실)은 어디까지나 가상일 뿐이지 대자연과 같을 수는 없습니다.

5G에서 더 나아가 미래에는 위성을 이용한 6G가 등장할 것입니다. 이러한 기술은 우리가 도달할 수 있는 공간과 시야를 넓혀주고, 교육에서 매우 중요한 부분을 차지합니다. 이것이 바로 인터넷 환경이 갖춰지지 않은 지방에서부터 도입을 시작한 이유입니다. 그리고 이로써 우리가 얻게 되는 것은 결코 작지 않습니다.

인간이 AI에게 이용될 것이라는
걱정은 기우에 불과하다

사회 곳곳에서 디지털화가 진전되면서 우리는 많은 이익을 누릴 수 있게 됩니다. 인터넷망의 확산으로 일하는 방식도 달라지고 있습니다. 예를 들어 코로나19 감염 방지 대책의 일환으로 원격으로 업무를 하는 사람들이 증가했습니다. 이제는 원격으로도 별다른 문제 없이 일할 수 있다는 것을 많은 사람이 인식하고 있습니다. 바야흐로 어디에서든 일할 수 있는 시대가 된 것입니다. 한편에서는 기계나 AI가 지나치게 발달하여 '내 일을 빼앗지는 않을까' 하는 우려도 있습니다. 특히 기계와 AI가 사람이 하는 단순 작업을 대신하면서 화이트칼라와 블루칼라 사이의 경제 격차가 벌어질 것이라는 걱정 어린 목소리도 들려옵니다.

예를 들면 AI에게 작업을 기억시키는 '데이터 라벨링(Data Labeling)'이라는 작업이 있습니다. AI에게 '자동차는 무엇인가', '집은 무엇인가', '도로는 무엇인가' 등을 이해시키기 위해 각각의 해설을 작성하여 라벨을 붙이는 작업을 말합니다. 마치 유치원 교사처럼 세상을 잘 모르는 AI에게 2~3년에 걸쳐 기본적인 지식을 가르쳐 나갑니다. 이때 입력과 같은 단순 작업은 사람이 하지만 기본적인 축적이 끝나고 난 이후에는 컴퓨터가 작업을 이어받아 실행할 수 있습니다.

현재 초등학교 1, 2학년 수준에 이른 AI는 신호등의 빨간불, 파란불과 같이 초보적인 지식은 가르쳐주지 않아도 알 수 있을 정도가 되었습니다. 한때 구글이 '이것은 횡단보도인가?', '이것은 자동차인가?'라고 질문하던 장면을 본 적이 있는 사람도 있겠지요. 이전에는 영단어와 숫자가 표시되면 입력해 달라는 메시지가 뜨기도 했습니다. 지금의 AI는 영단어와 숫자 학습을 마쳤기 때문에 입력할 필요가 없습니다. AI에게 '어느 것이 신호등인가?'라는 질문을 받게 될 일도 거의 없습니다. 아마도 곧 교차로까지 인식하게 되겠지요.

물론 처음에는 누군가 이러한 '학습 데이터'를 작성하여 라벨을 붙이는 과도기의 작업을 실행하겠지만, 어느 정도까지 컴퓨터가 학습하고 나면 사람이 입력할 필요가 없어집니다. 이를 두고 인간의 일을 빼앗긴다고 보는 시각도 있지만 애당초 이 일은 예전부터 존재하던 것이 아니었습니다. 학습 데이터 입력은 컴퓨터와 AI에 의한 시각 인식이 시작된 2015년경부터 등장했으니까 최근 5년 사이에 생긴 일입니다. 그렇다면 '빼앗긴다'는 표현이 과연 적절한지 의문이 들기도 합니다.

게다가 아무리 AI가 진화하더라도 최종적으로 사람의 손으로 기록하는 작업은 사라지지 않을 것입니다. 기록하는 작업은 매우 중요합니다. 데이터 분석만 하더라도, "이 데이터를 참조하여 최종 결정을 내렸다"고 말할 경우 예전에는 기본적인 부분부터 고도의 부분까지 모든 과정을 스스로 처리해야 했습니다. 그런데 이제는 기본적인 부분을 AI에게 맡길 수 있게 된 겁니다. 물론 사람이 최종적인 책임을 져야 함에는 변함이 없습니다.

책을 출판한다면 먼저 편집 작업이 필요하고, 도서를 독자에게 제공하는 책임은 사람이 져야 합니다. 유능한 편집자와 무능한 편집자의 차이는 1분 동안 몇 글자를 읽을 수 있느냐가 아니라 방대한 단어 속에서 독자적인 시점을 뽑아내 그 시점을 통해 글 전체에 에너지를 실을 수 있느냐입니다. AI가 이러한 일을 감당할 수는 없습니다. 단락별 포인트, 사용되는 명사나 전문용어 등을 데이터로 구축하여 라벨을 붙이는 작업을 해 나가다 보면 언젠가 AI도 뛰어난 편집을 해낼 가능성은 있습니다. 그러나 최종적인 책임은 판단을 내린 사람에게 있으므로 이러한 일은 인간만 가능하다고 말해도 된다고 생각합니다.

저는 번역이 취미라서 AI가 얼마나 번역을 잘해 낼 수 있을지 궁금합니다. 예를 들어 엔지니어링에 관한 문서나 법률 문서에 표준 답안이 되는 번역이 있다면 현재의 기술로 AI 번역을 실현할 수 있겠지요. EU 회원국이 각국의 언어로 동시에 발행하는 법률 문서의 번역은 기초자료가 많아서 표준 답안이 틀릴 우려가 거의 없으므로 AI 번역이 가능할 것입니다.

하지만 시나 소설과 같은 문학 작품이라면 얘기가 달라집니다. 소설을 외국어로 번역하더라도 번역하는 사람에 따라 작품의 내용에 조금씩 차이가 납니다. 사실상 문학을 번역하는 것은 어떤 의미에서는 재창작과 다름없기 때문입니다. 표면상으로는 번역이지만 실제로는 창작입니다. 그래서 아직은 AI에게 자동 번역을 시키기는 어려워 보입니다.

AI는 어디까지나 인간을 돕는 도구이다

반복해서 얘기하지만, 앞으로 사람이 해 왔던 중간 단계의 작업 대부분은 AI에게 맡길 수 있게 되겠지요. 다만 최종적으로 작업의 품질과 조정에 책임을 지는 것은 사람입니다. 앞으로는 이러한 인간과 AI의 협력 모델이 표준이 될 것입니다.

　AI의 목적은 어디까지나 인간을 보좌하는 것입니다. 'AI의 판단에 따르면 틀림없다'는 것이 절대 아닙니다. 최종적인 조정은 사람이 해야 하고 그 책임은 사람이 져야 합니다. 이는 민주주의 시스템과 같습니다. 총통이 말했으니까, 혹은 행정원장(우리나라의 국무총리에 해당)이 말했으니까 반드시 옳은 것은 아닙니다. 그들이 틀린 말을 했으면 우리가 가진 언론의 자유로 오류를 지적하고 보다 나은 의견을 제안할 수 있습니다. 총통이나 행정원장의 지위가 높다고 해서 그들의 말이 옳다고 곧이곧대로 받아들인다면 민주주의의 의미는 사라지게 됩니다. 그야말로 독재 체제나 다를 바가 없지요.

　저는 어렸을 때부터 컴퓨터와 친숙했습니다. 저와 컴퓨터의 관계는 스티브 잡스가 말한 '마음의 자전거(Bicycle of Mind)'[11]와도 같은 것이었습니다. 사람은 자전거라는 도구를 이용하여 보다 빠르게, 더 멀리 갈 수 있고, 심지어 산에 오르고 싶을 때는 산악자전거를 이용하여 큰 도움을 받습니다. 이 말은 도구로 이용되는 자전거가 사람보다 산을 잘 오른다는 의미가 아닙니다. 우리는 도구의 힘을 빌려 산에 오를 수도 있고, 산 정상에서 사진을 찍고 내려올 수 있습니다. 여기서 중요한 것은 도구가 아니라 당신이 스스로 어디에 가서 무엇을 했는가입니다.

　도구를 이용하면 좀 더 빨리 달릴 수 있다고 해서 나 대신 도구를 달리게 하면 될 거라는 모순된 이야기는 성립하지 않습니다. 중요한 것은 달리는 프로세스에 있습니다. 도구는 그 프로세스를 보조할 뿐입니다. 저는 AI 역시 마찬가지라고 생각합니다.

AI는 인류가 어느 방향으로 나아가고 싶은지를 묻고 있다

AI와 관련해서 2045년에 기술적 특이점(Technological Singularity)이 도래하여 AI의 능력이 인간의 능력을 넘어설 것이라는 설이 제기

11 　* "What a computer is to me is the most remarkable tool that we have ever come up with. It's the equivalent of a bicycle for our minds(컴퓨터는 가장 놀라운 도구다. 컴퓨터를 쓰면 인간의 사고는 마치 걷다가 자전거를 타는 것과 같아진다)." - Steve Jobs(1990년 영화 '메모리&이 매지네이션')

되고 있습니다. 그런데 여기서 말하는 '기술적 특이점'은 다름 아닌 본래 우리 인간이 AI를 개발하려고 했기 때문에 만들어진 개념입니다.

이전에도 지구 종말 시계나 핵 전쟁 카운트다운과 같은 이와 비슷한 두려움을 불러오는 개념이 있었습니다. '앞으로 몇 년 후에 핵 전쟁이 일어나 지구가 멸망할 것이다', '지구는 남아도 인류의 문명은 쇠퇴할 것이다', '기온이 상승하여 지금과 같은 인류의 문명은 존재할 수 없게 되고 생존을 위해서는 상당한 변화가 필요할 것이다'라고 추측하는 사람들도 있었습니다. 하지만 그런 일이 일어나더라도 그 이유 때문에 지구 자체가 사라지는 일은 없을 겁니다. 핵 전쟁이나 기후변동은 인간의 문명이라는 하나의 층을 파괴할 뿐이기 때문입니다.

이러한 핵 전쟁이나 기후변동에 관한 시나리오와 마찬가지로 2045년의 기술적 특이점을 향한 시나리오를 언급하는 이유는 언젠가 인류는 멸망할 테니, 내일을 위해서 아무것도 하지 않아도 된다는 게 아닙니다. 중요한 것은 AI가 존재하는 현재 상황에서 방사능 확산을 막고 이산화탄소 배출량을 줄이기 위해 AI를 어떻게 활용할 것인지입니다. AI의 도움을 최대한 받아서, 다음 세대에 보다 나은 환경을 물려줄 방법을 생각하는 것이 중요합니다. AI는 인간을 어느 방향으로 데려갈지 조종하는 존재가 아니라 우리가 어느 방향으로 가고 싶은지 환기하기 위한 존재입니다.

물론 '핵 전쟁까지 앞으로 몇 년'과 같은 경고에 전혀 의미가 없다고는 생각하지 않습니다. 현시점에서 핵 전쟁은 일어나지 않았지만 인류는 핵무기가 실제로 사용된 과거의 경험을 안고 있습니다. 히로시마와 나가사키에 투하된 원자폭탄은 사람이 눈 뜨고 볼 수 없을 만큼의 참상을 낳았습니다. 히로시마에 있는 평화기념자료관이 여전히 세계를 향해 다시는 핵무기가 사용되어서는 안 된다고 호소하고 있음을 저 역시 잘 알고 있습니다.

때로는 인간의 고의가 아닌 대지진과 같은 천재지변으로 원자력발전소가 무너져 방사능 오염이 일어날 수도 있습니다. 본래 인간은 핵을 통제할 수 있을 때의 효용성을 알고 있습니다. 그러나 방사능 오염을 목격하면, 핵이 인지(人智)를 넘어선 결과를 초래할 수 있음을 여실히 실감할 수 있습니다. 이러한 경험을 바탕으로 우리는 겸허와 겸손을 배운다고 생각합니다.

과학을 이해했다는 이유로 사물의 모든 것을 이해했다는 거만한 태도를 가져서는 안 됩니다. 더욱이 단기적인 이익에 얽매여 커다란 위험을 무릅쓰는 모험을 해서는 안 됩니다. 다음 세대에 위험을 물려줄지 말지를 내기의 대상으로 삼아 얼마 안 되는 이익을 얻으려는 행동은 너무나도 어리석게 보입니다.

원자력 에너지 분야의 연구자들은 원자로에서 사용된 핵폐기물을 발전용 에너지로 전환하여 손실을 줄이기 위한 연구에 상당히 오랜 시간을 할애하고 있습니다. 차세대 원자력발전소는 어쩌면 이

전만큼 위험하지 않을 수도 있습니다. 다만 구세대의 원자력발전소가 폐쇄된 후에 생기는 핵폐기물을 어떻게 하면 적절한 방법으로 처리하여 연료로 만들 수 있을지에 대한 연구는 아직 완성되지 않았습니다.

저는 원자력이 무조건 좋다거나 혹은 나쁘다고 말하는 것이 아닙니다. 인간이 겸허한 태도를 갖는다면 향후 원자력의 발전은 장기적으로 볼 때 좋은 방향으로 나아갈 것이라고 생각합니다. 마찬가지로 과학자나 원자력 엔지니어는 사회에 미칠 위험이 보다 적은 방법을 연구해야 합니다. 이는 AI에 의한 2045년의 기술적 특이점을 고찰할 때도 마찬가지입니다.

AI가 인간을 넘어서는 일이 좋은 일인지 나쁜 일인지를 묻는 것은, 지구 온난화로 여기저기에서 산불이 일어나고 해수면이 상승하여 도시가 수몰되고 지구상에서 지금과 같은 생활 방식으로 살아갈 수 없게 됐다고 할 때, 그것이 좋은 일인지 나쁜 일인지를 묻는 것과 같습니다. 혹은 핵 전쟁이 일어나 대기권 전체가 방사능으로 뒤덮여 바퀴벌레 이외에는 살아갈 수 없게 된다면 그것이 좋은 일인지 나쁜 일인지 묻는 것과 같습니다. 다시 말해 지금 단계에서는 그러한 질문을 받아도 적절한 가치 판단을 할 수 없다는 겁니다.

중요한 것은 만일의 상황을 이야기하기 전에 이러한 일이 일어나지 않도록 무엇을 해야 하는가를 깊이 생각해야 한다는 겁니다. 기술적 특이점이 시사하는 것은, 우리가 지금의 생활 방식을 계속 지켜 나가고 싶다면 현재 인간이 발전시키려는 기술을 이대로 개발해 나가서는 안 된다는 사실입니다.

지금처럼 이산화탄소 배출이 계속되고 방사능 오염이 만연하거나, AI 기기가 인간을 대신하여 사회를 통제하게 되면 지금의 삶은 틀림없이 파괴될 것입니다. 기술은 우리의 생활을 전진시킬 뿐만 아니라 미래에 일어날 수 있는 위기를 시사하여 깨닫게 해주는 역할도 합니다. 이를 인간은 겸허하게 받아들여야 합니다. AI가 인간을 넘어서는 사태가 벌어지면 어떻게 될까를 생각하기 전에 '인류는 어느 방향으로 나아가고 싶은가, 그러려면 무엇이 필요한가'를 논의하는 것이 먼저라고 생각합니다.

결론까지의 프로세스를 설명할 수 없는 딥러닝

2045년에 기술적 특이점에 도달한다는 주장이 문제되는 배경에는 AI 자체의 진화가 급속하게 진행되고 있다는 이유가 있을 것입니다. 2013년 이전, 당시의 AI는 비교적 심플하고 이해하기 쉬운 기술이었습니다. AI는 제대로 정보를 입력하기만 하면 우리 대신에 귀찮은 일을 처리하여 시간을 절약해 주는 편리한 존재였습니다. 그 사실은 지금도 변함없습니다. 그러나 점점 진화한 AI는 스스로 학습 방법을 모색했고, 우리 인간이 데이터 인식의 기초가 되는

'학습 데이터'의 입력을 도와줄 필요가 없게 되었습니다. 우리가 AI에게 스스로 학습하길 재촉하지도 않았고, AI가 인간에게 배운 것도 아닙니다. 그래서 어떠한 과정을 통해 자기학습을 했는지 AI는 우리에게 설명할 길이 없습니다.

AI는 스스로 학습하는 방법을 찾아내자 자기학습을 통해 점점 더 레벨을 향상시켜 나갔습니다. 예를 들어 AI에게 딸기를 인식시키기 위해 이것이 딸기라고 여러 개의 이미지를 학습 데이터로 제공하면 AI는 그 이미지를 통해 '딸기'라는 물체의 색과 형태를 수집하여 패턴과 규칙을 발견하고 특징을 설정해 나갑니다. 그 결과 AI는 방대한 이미지 중에서 순식간에 딸기를 발견할 수 있게 됩니다. 이것이 이른바 '딥러닝(심층학습)'이라는 방법입니다. 이 딥러닝의 결과로부터 AI가 언젠가 인간을 넘어설 것이라는 우려가 나온 것이겠지요.

하지만 이 우려는 기우라고 생각합니다. 향후 딥러닝의 프로세스를 인간의 사고방식에 기초하여 설명할 수 있게 될 가능성이 어느 정도 있기 때문입니다. 오히려 현재 상황은 AI가 더욱 고도의 방향으로 나아가고 있다고 말하는 것이 적절해 보입니다.

현재 AI는 추론 프로세스에 의지하는 것이 아니라 입력된 정보에 정확하게 의거하여 데이터에서 연관성을 찾아 나갑니다. 이에 반해 우리가 데이터를 볼 때는 종종 인간의 개념, 즉 추상적인 발상의 영향을 받습니다. 예를 들어 바둑에서 이 검은 돌은 더 이상

살릴 수 없다고 말할 때 '산다, 살지 못한다'라는 발상은 인간 특유의 것이라고 할 수 있습니다. 그러나 딥러닝은 이러한 개념에 영향을 받지 않습니다. 인간은 바둑의 규칙을 AI에게 가르칠 필요조차 없습니다. AI는 인간의 개념과는 상관없이 스스로 어떻게 하면 보다 나은 플레이를 할 수 있을지 생각합니다. AI에게 어떠한 판단을 내리게 할 때도 이전에는 인간의 개념을 이용하여 유도했기 때문에 AI 스스로가 인간에게 '이러한 근거로 판단했다'고 설명할 수 있었습니다. 하지만 딥러닝에는 인간의 개념이 사용되지 않아서 AI가 내린 판단의 근거를 인간이 알 수 없고 AI 스스로도 알 수 없을 뿐입니다.

이것은 수면학습과 닮아 있을지도 모릅니다. 저는 수면의 질과 시간을 중시하는 편인데, 자는 중에도 뇌에 작업을 시킵니다. 잠시 설명해 보겠습니다. 우선 일에 필요한 자료를 자기 전에 전부 읽어 둡니다. 그냥 읽기만 할 뿐 아무런 판단도 하지 않습니다. 머리로 판단하려고 하면 졸음이 오기 때문입니다. 우선 정보를 입력만 하고, 끝난 다음에는 '내일 일어나면 이 문제의 답을 얻어야 한다'고 생각하면서 잠을 청합니다. 그리고 다음날 아침 눈을 뜨면 머릿속에 답이 떠오릅니다. 자는 동안에 뇌가 어떤 작용을 했는지 저로서는 그 구조를 알 수 없습니다.

한 가지 구체적인 에피소드가 있습니다. 어느 날 외교부, 위생복리부(우리나라의 보건복지부에 해당) 등과 관련된 연구기관으로부터 대만의 코로나19 방역 대응에 관한 내용을 해외 국가와 공유해 주었으면 한다는 의뢰를 받았습니다. 종이에 적으면 100쪽 이상에 달하는 정보량이었습니다. 그러나 저는 대만의 상황을 모르는 다른 나라 사람들에게 5분이라는 짧은 시간 안에 대만의 코로나19 대책 모델을 명쾌하게 전달하고 이해시켜야 했습니다.

이것이 저에게는 난제였습니다. 정보량이 방대한 만큼 1시간 정도 주어진다면 알기 쉽게 설명할 수 있어도 5분이라는 짧은 시간에 어떻게 설명해야 할지 막막했습니다. 그래서 잠들기 전에 관련 자료들을 전부 읽고 머릿속에 넣었던 겁니다. 그러자 다음 날 눈을 떴을 때 머릿속에 세 가지 키워드가 떠올랐습니다. 바로 'Fast(신속하게)', 'Fair(공평하게)', 'Fun(즐겁게)'이었습니다. 결과적으로는 이 키워드들을 축으로 몇 가지 사례를 곁들여 대만의 대책 모델과 다른 나라의 모델 간의 차이점을 충분히 설명할 수 있었습니다(그림2).

그림2 대만 코로나19 대책의 세 가지 키워드 '3F'

'Humor over Rumor(유머는 풍문을 뛰어넘는다)'라는, 유머로 가짜 뉴스를 해소하기 위한 아이디어도 이 같은 방법으로 떠올린 것입니다. 화장실 휴지 사재기 현상이 일어날 뻔하자 행정원장이 나서서 '누구에게나 엉덩이는 하나밖에 없다(그러니 안심하라)'는 캐치프레이즈로 소동을 잠재운 적이 있습니다. 이 역시도 'Humor over Rumor'라는 아이디어가 바탕이 되었습니다. 저는 'Humor over Rumor'의 방법으로 사람들에게 화장지가 부족할 일은 없다고 안도감을 줬을 뿐만 아니라 과거의 경험과 연결하여 생각하도록 하는 계기로 삼았습니다.

그런데 다른 나라 사람들에게 대만의 코로나19 대책을 설명하면서 갑자기 '화장지가 부족해진다는 풍문이 돌기 시작했는데'라고만 말한다면 그들은 무슨 영문인지 이해할 수 없겠지요. 그래서 'Humor over Rumor'처럼 운을 맞춰 누구라도 쉽게 이해할 수 있는 내용을 'Fast', 'Fair', 'Fun'이라는 세 가지 키워드로 나타냈던 겁니다.

이 단어들이 어떻게 머릿속에 떠올랐는지는 저도 모릅니다. 꿈속에서 무언가를 판단하고 아이디어를 내더라도 잠에서 깨면 그 결과만 남습니다. 물론 'Fast, Fair, Fun'이라는 캐치프레이즈를 만들어 낸 사람은 저였지만 꿈속에서 어떻게 이 세 가지 키워드에 도달했는지, 그 많은 정보량 중에서 어떻게 골라냈는지를 저 자신도 설명할 수 없습니다. 꿈을 꾸었고 두 시간이 흘렀을 때 이런 아이디어가 나왔다고 말할 수 있는 것이 아닙니다. 왜냐하면 꿈속에서 우리는 깨어 있을 때 움직이는 방식과는 전혀 다른 방식으로 움직이기 때문입니다. 그렇기 때문에 지금 설명한 바와 같은 상태가 나타나는 것입니다.

사회의 어느 위치에 딥러닝을 둘 것인지 생각하다

하지만 제가 하루 종일 꿈을 꾸는 것은 아닙니다. 눈은 떠지고 언젠가는 자신의 결론을 다른 사람들과 공유해야 합니다. 나 자신이 'Fast, Fair, Fun'이라는 결론에 만족했다면 위생복리부나 외교부에 내가 생각한 세 단어가 그들의 요구를 매우 정확하게 반영한 것이라고 납득시켜야 합니다. 이때 제아무리 정무위원이라 한들 꿈에서 봤다는 이유로 밀어붙일 수는 없습니다. 이 세 가지 키워드에 대해 각각 적절한 예를 들어 명확하게 설명할 수 있음을 증명해야 합니다. 여기서 저의 역할은 'Fast, Fair, Fun'이라는 키워드와 실제로 발생한 사실 사이에 다리를 놓는 일입니다.

예를 들어 대만의 코로나19 대책에서 말하는 'Fair=공평'이란 마스크 실명제 판매를 가리키지만, 그 전에 공평이라는 개념과 마스크 판매라는 사실을 연결할 필요가 있습니다. 공평이라는 추상적인 개념만을 설명해서는 의미가 없습니다. 마스크의 공평한 분배가 무엇을 의미하는지 설명해야 합니다. '다리를 놓는다(Bridge)'는 개념을 통해 저 자신도 어떻게 나왔는지 모르는 'Fast', 'Fair', 'Fun'이라는 키워드와 제 뇌 신경망(Neural Network)의 입력층 사이에 새로운 연결을 만들어 설명하는 것이 바로 저에게 주어진 설명 책임(Accountability)이라고 생각합니다.

깨어 있을 때는 정무위원으로서 공무를 수행하지만 잘 때는 그럴 수 없으니 'Fast, Fair, Fun'을 만들어낸 것뿐입니다. 이러한 논리로 딥러닝을 이용한다면 최종적으로 'Fast, Fair, Fun'이라는 키워드를 찾아내더라도 그 키워드에 대해 설명 책임을 다할 방법을 개발할 필요가 있습니다.

타인의 기분을 잘 느끼지 못하는 사람도 있습니다. 아무렇지 않게 나쁜 짓을 하는 사람에게 양심이 없다고 말하기도 합니다. 타인이 느끼는 불쾌한 감정을 알아차리지 못하는 것은 비단 기계만이 아닙니다. 사람 중에서도 그러한 기질을 가진 사람이 있습니다. 이와 같은 맥락에서 사회가 안전하고 살기 좋은 곳이 되려면 얼마만큼의 프로세스가 필요한지 생각해야 합니다.

우리 사회는, 트럭 운전 면허가 없는 제가 트럭에 올라 시동을 걸지 않도록 하는 방법을 전력을 다해 생각해 줍니다. 이는 매우 중요한 부분입니다. 탱크를 운전할 권한이 없는 사람이 탱크를 몰지 않도록 사회는 신중한 노력을 기울여야만 합니다. 사회를 대규모로 파괴하거나 중대한 피해를 주는 일, 예를 들어 '기분이 언짢으니까'

1장 AI로 여는 새로운 세상·디지털을 활용해 더 나은 사회를 만들다

라며 핵폭탄 버튼을 누르는 일을 막기 위해 사회는 높은 기준을 마련하고 있습니다. 딥러닝도 마찬가지입니다. 인간 사회가 전진하기 위한 보조적 역할, 이를테면 내비게이션의 역할을 하는 것이지 AI가 제멋대로 행동하는 일은 있을 수 없다는 겁니다.

기준이 되는 것이 바로 사회의 규범입니다. 사회의 구조를 모르는 어린아이에게 버스 운전을 시키지는 않습니다. 우리 사회는 어린아이에게 그러한 일을 맡기지 않습니다. 일본 애니메이션《신세기 에반게리온》에 비슷한 장면이 나옵니다. 이 애니메이션은 주인공 소년이 인간형 병기를 타고 미지의 적과 싸운다는 줄거리이지만, 이는 아주 특수한 경우일 뿐 현실에서는 매우 강력한 제한을 받습니다. 만약 사회의 윤리관이나 가치관을 일탈하는 행동을 한다면 그 책임을 물어야 하겠지요. 하지만 그것이 사회의 가치를 바꿀 만한 일이라면 책임을 다해 설명해야 합니다.

정말로 책임질 수 있는 사람이라면 최종적으로 우리는 그에게 탱크 운전을 허락할 수 있습니다. 마찬가지로 딥러닝을 사회의 어느 위치에 둘 것인지는 사회 전체가 깊이 논의해야 한다고 생각합니다. 어떤 기술이라도 마찬가지겠지만, 이러한 관점에서 보면 딥러닝은 핵무기만큼 위험한 것은 아닐지도 모릅니다. 제게는 핵무기가 초래할 위협이 AI의 위협보다는 훨씬 커 보입니다.

경쟁 원리를 버리고
공공의 가치 창출을 추구하다

지금까지, AI가 아무리 진화하더라도 인간만 할 수 있는 일이 있다는 이야기를 했습니다. '인간만 할 수 있는 일'이라고 하면 많은 사람이 창의적인 일을 떠올립니다. 하지만 저는 AI가 창의적인 일을 할 수 없다고 생각하지 않습니다. 예를 들어 AI와 바둑을 두면 AI는 인간이 지금까지 생각하지도 못한 수를 두는 경우가 많습니다. 하지만 인간은 점차 그 수에 익숙해집니다. 그래서 AI가 진화할 때마다 인간 사회는 'AI는 창의력이 부족하다. 남은 과제는 창의력이다'라고 정의내리기 쉽습니다. 요컨대 창의력의 정의는 상황에 따라 늘 변화한다는 것입니다.

중세에 로마 숫자로 계산하던 시대에는 곱셈이 매우 어려운 문제였지만, 지금 우리는 곱셈을 할 수 있다고 해서 대단하다거나 굉장하다고 말하지 않습니다. 오히려 인간이 하기보다는 컴퓨터가 계산하도록 하는 편이 훨씬 빠르다는 것을 알고 있습니다. 인간이 손으로 하던 일을 기계가 대신하게 되었지만 인간은 그것을 거부하지 않습니다.

이처럼 창의력의 정의는 나날이 변화하고 기계는 늘 새로운 소재를 제공해 줍니다. 그렇기 때문에 우리가 가진 창의력의 가능성 또한 나날이 높아지고 있습니다. 이러한 현상은 상승효과 또는 상호학습처럼 매우 바람직한 일이라고 생각합니다.

　당신 일의 일부를 어느 날 기계가 대신하게 되었을 때, 기술의 문제라고 과도하게 반응한다면 패배감을 맛보게 될 것입니다. 그러나 기계가 할 수 있는 일은 기계에게 맡기고 나는 보다 나은 공공의 가치를 창출하겠다는 사고방식으로 전환하여 더욱 가치가 높은 일에 전념한다면, 기계가 일의 일부분 혹은 대부분을 대신한다고 해도 자신의 일에 만족할 수 있을 것입니다. 왜냐하면 그 일의 결과가 공익의 방향을 향하고 있기 때문입니다. '이 일을 하면 사회, 환경, 경제에 좋은 결과를 가져온다. 어떠한 종류의 공공의 이익을 가져온다'라는 생각을 자기 가치의 원천으로 삼아야 합니다.

　공공의 이익을 달성하려는 자세와 자신과 타인을 비교하여 어느 쪽이 우수한지를 판단하려고 하는 자세는 전혀 다른 두 가지입니다. 저는 옆 사람보다 조금 능숙하게 한 일에서 성취감을 찾기보다는 옆 사람과 협력하여 사회문제를 해결하는 편이 기쁨의 정도가 크다고 생각합니다. 만약 타인과 비교하는 데서 성취감을 얻고 있다면, 어느 날 기계가 당신보다 열 배는 대단한 존재가 되어 있을지도 모릅니다. 그럼 당신은 불쾌해질 겁니다. 반면에 공공의 가치를 창출하는 일에 기쁨을 느끼도록 자신을 재정의하면 같은 일을 하더라도 기계가 열 배의 결과를 냈을 때, 열 배의 공공의 가치가 창출되었다는 생각에 행복을 느낄 수 있습니다. 그러한 가치를 존중하는 것이 중요하지, 경쟁 원리에 얽매일 필요는 없습니다.

제 어린 시절, 대만에서는 휠체어를 탄 사람을 거의 볼 수 없었습니다. 휠체어를 타는 사람이 적었기 때문이 아닙니다. 휠체어를 타고 밖에 다니기 불편했기 때문에 집 주변의 특정 장소로만 외출했던 겁니다. 그러나 지금은 대만 사회에 배리어 프리(Barrier Free)[12] 설비나 유니버설 디자인을 도입한 건물이 늘어나면서 휠체어를 탄 사람들을 일상적으로 마주치게 되었습니다. 동반자가 밀어주거나 스스로 다니는 모습이 매우 자연스러워서 어디에도 장애물이 없는 듯한 인상마저 줍니다.

저는 경도의 인지증[13]을 가진 사람들에게 친절한 거리가 가장 바람직하다고 생각합니다. 보다 많은 경도 인지증 환자가 사회 활동에 참여한다면, 경도의 인지증이 중증으로 발전하지 않도록 예방할 수도 있을 것입니다. 그러나 경도의 인지증을 가진 사람들이 애초에 참여하기 어려운 사회라면 그들의 사회 참여는 당연히 크게 줄 것이고 결과적으로 중증의 인지증 단계에 이르는 속도가 틀림없이 빨라지게 되겠지요. 전자와 후자 중 어느 쪽이 나은지는 분명합니다.

---

12 * 장애인들도 편하게 살아갈 수 있는 도시를 만들기 위해 물리적·제도적 장벽을 제거하자는 것.

13 * 후천적인 기질적장애에 의해 한번 정상적으로 발달했던 지능이 비가역적으로 저하한 상태. 우리나라에선 보통 '치매'라는 용어를 사용하는데, 용어가 어리석다는 의미를 담아 부정적인 시각을 준다는 지적에 따라 '인지증' 혹은 '인지장애증'이라는 단어로 대체 사용되기도 한다.

이처럼 누구나 사회에 참여하기 쉬운 사회를 만드는 데 AI를 활용할 수 있다면 AI에게 일을 빼앗긴다는 걱정은 할 필요가 없어지겠지요. 공공의 이익에 이바지하는 방향을 지향한다면 인간 사회는 보다 풍요로워질 것이라고 생각합니다.

AI와 인간은 도라에몽과 노진구처럼 상호 보조적인 관계

인간의 일을 어디까지 인공지능화 할 수 있을까, 그럼에도 인간이 여전히 할 수 있는 일은 무엇일까. 이 명제에는 중요한 포인트가 있습니다. 즉 인간이 '이러한 것을 실현하고 싶다'는 목표를 설정하면 특별히 직접 할 필요가 없거나 AI에게 시키는 편이 효율적인 부분은 AI의 도움을 받으며 일을 진행해 나갑니다. 이 과정에서 항상 인간이 주체이며, AI는 어디까지나 인간을 돕는 역할이라는 겁니다.

예를 들어 AI가 어떤 판단을 내렸다고 합시다. 하지만 AI는 왜 그렇게 판단했는지 이유를 알려주지 않습니다. 이는 흡사 국민에게 '이렇게 하라'고 명령할 뿐 '왜 해야 하는지'는 가르쳐주지 않는 독재 체제의 정부와 같습니다. 혹은 자녀에게 일방적으로 명령하기만 할 뿐 그 이유를 알려주지 않았던 오랜 옛날의 독선적인 아버지들의 모습과 같습니다.

AI에게 '이렇게 하라'는 지시를 받고 그 이유를 알지 못하는 상황에 장기간 놓이게 되면, 인간의 학습기능은 박탈당하게 됩니다. 매번 AI가 말하는 대로 행동한다는 것은 상사의 명령에 따라 아무런 생각 없이 일을 하는 것과 다르지 않습니다. 자신의 의견을 내고 함께 토론하는 과정이 전혀 없다면 최적화나 이노베이션은 영원히 획득할 수 없을 뿐만 아니라 언제까지나 같은 일만을 되풀이하게 되고 말겠지요. 과연 당신은 그러한 나날을 견딜 수 있을까요?

결국 이것은 인간의 존엄과 관련된 문제입니다. 우리는 매일을 어떻게 보내고 싶을까요? 날마다 AI의 명령대로 행동하는 것이 달갑지 않다면 AI를 도입할 때 인간과 AI의 가치관을 일치시키는 과정이 절대적으로 필요합니다. 그러므로 AI가 왜 그렇게 해야 하는지 묻는다면, 인간은 명확하게 대답해야 합니다. 설명 책임의 이행이 AI와 인간의 관계성을 보다 분명하게 할 것입니다.

AI가 사회에 보급된 모습을 상상하려면 일본 애니메이션《도라에몽》[14]이 적절한 예가 될 것 같습니다. 도라에몽은 일종의 AI라고 할 수 있습니다. 이 만화 속에는 오늘날 우리가 상상하는 AI의 모습이 많이 반영되어 있습니다. 도라에몽은 노진구가 하고 싶지 않

---

14   * 애완용 고양이와 장난감 오뚝이를 결합시킨 아이디어로 탄생한 도라에몽은 22세기의 후손이, 무얼 해도 풀리지 않는 열등생, 초등학생 조상인 '노진구'를 돕기 위해 파견한 일종의 만능 로봇 이야기다. (출처: '네이버 - 20세기 디자인 아이콘 : 캐릭터', 김혁)

은 일을 마냥 대신하지만은 않습니다. 반대로 노진구도 도라에몽이 있다고 해서 자기 대신에 산에 오르게 하고 자신은 가지 않는 일은 없습니다. 또 노진구가 공부나 외출을 하지 않아도 되는 것도 아닙니다. 도라에몽의 목적은 노진구의 성장입니다.

더욱이, 도라에몽은 우수한 로봇(AI)이지만 노진구는 도라에몽만 신뢰하지는 않습니다. 가족이 있고 반 친구들, 선생님과 다양한 장소에서 상호 교류를 나눕니다. 노진구는 도라에몽이 편리한 도구를 제공한다고 해서 무조건 도라에몽을 신뢰하지는 않는다는 겁니다. 오히려 도라에몽에게만 전적으로 의지해서는 사회와의 상호 교류가 힘들어지고 맙니다. 이처럼 우리 생활에서 AI의 역할을 고려할 경우 도라에몽과 노진구의 관계가 하나의 적절한 예가 될 수 있습니다.

고령자가 디지털을 사용하기 어렵다면,
사용하기 편하게 고치면 된다

디지털 사회의 진전으로 고령자처럼 디지털 사용에 익숙하지 않은 사람들은 뒤처지게 될 것이라는 의견도 있습니다. 예를 들어 편의점이나 약국에서 마스크를 구입할 때 전민건강보험카드나 신용카드를 이용한 구매자 특정은 디지털 기술에 의해 이루어집니다. 다만 이 디지털 기술도 인간의 손을 거치지 않는 기술은 아닙니다. 카드 리더기 옆에 약사나 편의점 직원이 기다리고 있다가 조작이 서툰 고령자가 있다면 당연히 도움을 주겠지요. 다소 시간이 걸리겠지만 이러한 상황은 고령자에게 또 하나의 학습 기회가 됩니다. 이러한 기회가 없다면 사회는 디지털에 능숙한 사람과 미숙한 사람으로 나눠지고 말 것입니다. 디지털 사용에 미숙한 사람은 사용법을 묻는 일조차 없어지겠지요. 결국에는 사회가 분열하게 되고 맙니다.

여든일곱 살인 제 할머니는 아버지가 편의점에 모셔가서 조작법을 한번 알려드린 뒤로는 혼자서도 마스크를 구입할 수 있게 되었습니다. 심지어 본인보다 젊은 분을 데려가 조작법을 가르쳐줄 수 있게 되었습니다. 젊은 분이라도 할머니보다 젊다는 것이지 고령자이기는 마찬가지입니다. 그분은 분명 또 다른 친구에게 조작법을 가르쳐줄 수 있게 되겠지요. 무언가를 배울 수 있게 된 사람은 누군가를 가르칠 수도 있게 됩니다. 소수의 사람만이 편리하게 사용하고 대다수의 사람은 배울 수 없는 방식은 의미가 없습니다. 디지털 기술은 누구나 사용할 수 있어야 한다는 점이 중요합니다. 그것이 곧 사회의 이노베이션으로 이어집니다.

만일 고령자가 사용하기 불편하다고 느낀다면 그것은 프로그램의 문제이거나 단말기의 편리성이 떨어지기 때문일 것입니다. 이럴 때는 프로그램을 수정하거나 단말기를 개량하여 고령자가 평상시

습관의 연장선상에서 사용할 수 있도록 조작법을 연구하면 됩니다. 다시 말해 고령자 맞춤 이노베이션을 실행하는 겁니다. 그러려면 개발자가 사용자 입장에서 생각하는 창의력을 키우는 것도 중요합니다. 가장 쉬운 방법은 프로그램이나 애플리케이션을 개발하는 개발자를, 본인이 설계한 프로그램과 가장 관계가 먼 사람들의 집단에 보내는 것입니다. 그럼 그들이 무엇을 사용하지 못하고 왜 사용하기 어려워하는지에 대한 명확한 이해를 얻을 수 있겠지요. 개발자에게 저절로 공감 능력(Sympathy)이 생기는 것입니다.

실제로 저는 개발자에게 개발의 방향성을 설정할 때 반드시 이상적인 프로세스를 거치도록 당부합니다. 이상적인 프로세스란 그 프로그램을 사용할 사람을 찾아가서 의견을 듣는 것입니다. 지금까지 개발자들의 문제점은, 보통 성장한 환경이 비슷하고, 연령도 비슷한 데다 대다수가 남성이라는 점입니다. 폭넓게 의견을 청취한다고 해도 결국에는 자신들과 별반 다르지 않은 사람들 사이에서 개발이 이루어져 왔던 겁니다. 그러다 보니 모든 사람에게 도움이 되는 프로그램은 만들 수 없었습니다.

개발자가 사는 곳이 다양하고 개발 팀의 멤버가 다양한 연령대로 구성되어 있으며 문화와 출신도 다르다면, 브레인스토밍에서 다각적인 의견이 나오게 되어 저절로 각기 다른 수요에 부응하게 되겠지요. 누구나 사용하기 쉬운 프로그램은 바로 그 지점부터 만들어집니다.

타인의 이야기를 들으며 새로운 시점을 얻는다

저는 중학교를 중퇴하기 전에 우라이(烏來, 타이베이 남부에 있는 산지)에 있는 타이야(泰雅)족 마을에 머문 적이 있습니다. 타이야족은 대만의 선주민인데, 그들의 입장에서는 도시에 사는 대만인인 저와 함께 실험학교를 운영하는 듯한 낯설고도 독특한 경험이었을 거라고 생각합니다. 타이야족은 저에게 "도시에 사는 사람들은 선주민에게도 교육이 필요하다고 말하지만 자연의 자원을 무절제하게 사용하는 그들이야말로 교육이 필요하지 않은가. 그래야만 보다 뛰어난 성과를 얻을 수 있지 않겠느냐"라고 말했습니다. 저는 그들의 생각에서 많은 영감을 받았습니다. 너무나도 귀중한 체험이었습니다.

마찬가지로 고령자에게 IT를 친숙하게 하려면 좀 더 그들에게 의견을 묻고 이야기를 나눌 필요가 있다고 생각합니다. 평소 사무실에 찾아오는 액장서화보급연구회(額裝書画普及研究会)[15]의 지인들은 모두 70대, 80대, 90대입니다. 그들은 제게 엘리베이터 속도를 늦춰야 한다거나 휠체어나 소나무 지팡이, 보행기로 육교에 오를 때를 고려해서 난간 높이를 결정해야 한다와 같은 이야기들을

15 　* '액장'은 서화를 액자에 넣은 것을 말한다. 다시 말해, 액장서화보급연구회는 서예나 동양화를 즐기고 보급하는 모임 정도로 생각하면 된다.

들려줍니다. 앉아서 논의만 해서는 보이지 않는 것, 알 수 없는 것들을 많이 알려주었습니다. 그들에게 이렇게 하면 보다 사용하기 쉬워진다는 조언을 들으면 저는 곧바로 시스템을 조정하려고 합니다. 코로나19 대책을 마련하던 중에도 시각장애인이 마스크를 구입하기에 어려운 방식이라는 의견이 있어서 구입 시스템을 즉시 개선한 적이 있었습니다.

저는 타인의 이야기를 듣길 좋아하는데, 이는 순전히 순수한 흥미에서 나오는 것입니다. 2020년 별세한 리덩후이(李登輝) 전 총통이 축산에 관심이 많아, 일본의 흑모화우(黑毛和牛, 육우 품종의 하나)와 유럽의 소를 분석하여 대만에서 어떻게 사육할지에 관심을 가졌던 것처럼, 제가 정치적 문제와는 거리가 먼 일들에 관심을 기울이는 것은 단순한 흥미에서 나오는 행동입니다.

타인의 이야기를 듣는 데 흥미를 느끼는 요소는 크게 두 가지입니다. 하나는 자신의 생활을 중심으로 사물을 바라보는 사고의 제한을 없앨 수 있다는 점입니다. 같은 세계라도 다각도로 바라보면 자기 관점의 한계를 초월할 수 있습니다. 다른 하나는 상대의 개인적인 경험이나 배경에서 나온 이야기를 통해 세상은 그런 관점으로도 해석된다는 사실을 이해할 수 있다는 점입니다. 상대가 경험한 일이 미래에 자신에게 일어난다면 저는 상대와는 또 다른 방법을 선택할지도 모릅니다. 다시 말해 미래를 학습할 수 있다는 겁니다. 상대의 경험을 들으며 자신의 관점을 깨우쳐, 미래에 같은 일이 일어난다면 분명 자신만의 새로운 이야기를 전개할 수 있겠지요. 주로 이 두 가지가, 제가 타인의 이야기를 듣는 일에 흥미를 느끼는 요소이자 큰 즐거움입니다.

세대의 벽을 넘어 청년과 고령자가
함께 만드는 '청은공창'

앞서 말한 새로운 관점의 획득은 이노베이션으로 이어집니다. 최근에는 고령자와 장애인을 대상으로 한 IT 관련 기기도 많이 등장하고 있습니다. 보행기 같은 것도 있고 일본에서는 고령자용 파워 보조 슈트[16]까지 등장했다고 들었습니다. 등이 굽어 무거운 물건을 들고 걸을 수 없는 사람이 파워 보조 슈트 등을 장착하여 무거운 물건을 들어 옮길 수 있다면, 매우 편리할 것입니다. 또한 침대에 누워도 수면이 얇고 잠을 이루지 못하는 사람을 위해서, IT를 활용하여 베개나 침대에 수면 상태를 감지해 각도를 조정하는 등의 기능을 부여할 수도 있게 될 것입니다. 이처럼 IT는 고령자의 일상생활 수준을 향상하는 데 큰 공헌을 하고 있다고 할 수 있습

---

16   * 사람이 장착함으로써 사람의 동작 및 자세에 대해 어떠한 어시스트(보조)하는 것을 목적으로 하는 것 중에서 동력원이 있는 것, 혹은 기계적 구조인 것(출처: <파워 어시스트 슈트 시장에 관한 조사결과(2019년)>, 주식회사 야노경제연구소)

니다. 몸은 쇠약해졌어도 지능과 정신이 아직 온전한 사람들은 이러한 기기를 이용하여 계속해서 사회에 적극적으로 참여할 수 있게 되겠지요.

늘 하는 말이지만, 고령자라도 사회에 공헌할 수 있는 일은 아주 많습니다. 어렸을 때 몸이 약했던 저는 어디도 자유롭게 다니기 어려웠습니다. 저는 장애를 수술로 없앨 수밖에 없었습니다. 하지만 IT와 디지털 기술이 진보한 지금은 다소 몸이 자유롭지 못한 고령자라도 기술을 이용하여 여전히 사회에 공헌할 수 있다고 생각합니다.

최근 들어 일본 언론에서 취재를 받는 기회가 상당히 늘었습니다. 자주 받는 질문이 "일흔여덟 살인 일본의 과학기술·IT 담당상(2019년 9월 제4차 아베 제2차 개각으로 취임한 다케모토 나오카즈(竹本直一)[17])에 대해 어떻게 생각하는가"입니다. 일흔여덟이면 제 아버지와 같은 세대인데, 저는 나이가 많은 디지털 장관도 전혀 나쁘지 않다고 생각합니다.

일례로 현재(2020년 10월 기준) 쑤전창(蘇貞昌) 행정원장의 나이도

---

17   * 다케모토 나오카즈는 일본에서도 상당히 논란이 된 인사이다. 그는 스스로를 '컴맹'으로 자인하며, 취임 직후 본인의 공식 사이트를 열람하는 것도 어려워했다. 최첨단을 달려야 하는 과학기술·IT 담당상이지만, 비교적 아날로그 문화라고 할 수 있는 도장을 사용하는 인장(印稟) 문화를 지키자는 의원 모임의 회장을 맡기도 했다. (참조: "일본 78세 IT장관 "도장 문화 지키자"에 네티즌 "지금이 어느 시대냐"",
      <국민일보>, 2019.09.16., < http://news.kmib.co.kr/article/view.asp?arcid=0013717101>
      (접속일: 2021.05.31.))

일흔셋이니까 결코 젊다고는 할 수 없습니다. 그렇다고 무언가 설명했을 때 다시 한번 말해 달라고 되묻는 일은 없습니다. 대단히 명석한 분입니다. 그런 사람을 가까이 알고 지내기 때문에, 저는 나이가 서로의 커뮤니케이션을 저해한다고 생각하지 않습니다. 전문적인 능력을 가진 사람이 수직 관계의 일을 하는 것은 이치에 맞지만, 본래 필요한 것은 각 연령대의 사람들이 제가 하고 있는 것처럼 수평적 연계와 커뮤니케이션을 꾀하는 일이기 때문입니다.

대만에서는 '청은공창(靑銀共創)'이라는 시도가 활발히 이루어지고 있습니다. 이는 청년(靑)과 연장자(銀)가 함께 창조하여 이노베이션을 일으켜 가는 것입니다. 요컨대, 연장자와 젊은이가 서로에게 배우는 것입니다. 연장자는 젊은이에게서 지금의 디지털 사회와 어떻게 소통해 나가면 좋을지를 배우고 젊은이는 연장자의 지혜와 경험을 배웁니다. 제가 있는 연구실(사회창신실험센터)에도 이러한 활동을 하는 단체가 있습니다. 제 집무실에 걸려 있는 액자는 액장서화보급연구회의 회원에게 기증받은 것인데, 이 연구회에서는 대부분 80대에서 90대인 분들이 젊은 사람들과 함께 공동으로 이노베이션을 이뤄 가고 있습니다.

고령자가 할 수 있는 일을 지금까지 그들이 해 온 일과는 다른 직업으로 연결할 필요는 없다고 생각합니다. 물론 고령자인 실버 세대가 능숙한 일과 사회가 원하는 일 사이에는 차이가 있을지도 모릅니다. 그 차이를 메우기 위해 다시 배울 필요도 있습니다. 그렇지만 반대로 사회도 실버 세대가 능숙한 부분을 살리려는 태도를 가져야 한다고 생각합니다. 다시 말해 연장자가 잘할 수 있는 부분과 사회의 요구 사이에 중간 지점을 만들 수 있을지를 고민해야 합니다. 이는 새로운 사회적 역할이나 직업을 창출하는 것과 다름없는 이노베이션이자 매우 중요한 일입니다.

젊은이와 연장자는 서로 다른 견해를 가지고 있습니다. 이 견해들을 결합시킨 방식 중 하나가, 최근 코로나19 경제 대책의 일환으로 대만에서 발행한 진흥3배권(Triple Stimulus Vouchers, 振興三倍券)[18]입니다. 이 정책을 설계할 때 종이 티켓으로 진흥권을 받고 싶은 사람에게는 종이로 배포하고 신용카드 사용이 익숙한 사람에게는 카드에 정보를 담아 사용할 수 있게 했습니다. 실제로 양쪽의 선택 비율은 반반 정도입니다.

이 진흥권을 만들 때 젊은이와 연장자가 함께 아이디어를 내는 자리가 없었다면 어느 한쪽의 방식만 실행되어 나머지 반은 소외되었을지도 모릅니다. 이는 절대로 간과할 수 없는 일입니다. 무엇보다 어떻게 하면 각 세대가 함께 정책을 만들어 나갈 수 있느냐를 생각하는 것이 중요합니다. 정부는 그것을 바탕으로 정리된 의견을 수렴하면 되는 겁니다.

---

18   * 코로나로 인한 소비 침체에 대응하기 위해, 대만 정부가 2020년 6월 20일부터 대만 내 소비장려를 위해 만든 제도. 1인당 1천 대만달러(한화 약 4만원)를 지불하면 3배인 3천 대만달러의 상품권을 받는다.

디지털 사회의 발전에는 포용의 힘이 필수다

고령자에 대한 이야기를 했지만 이는 블루칼라, 이른바 단순노동자에게도 해당하는 부분이 많습니다. 저는 블루칼라라고 해서 창의성이 결여되어 있다고는 전혀 생각하지 않습니다. 오히려 반대로 작업 환경의 상황에 맞게 일하는 방식을 바꾸거나 지진이나 자연재해 등을 고려하여 내진 구조를 만드는 등 창의력을 필요로 하는 수많은 부분을 담당하고 있다고 생각합니다. 선진 기계가 도입되면 자동화할 수 있는 일도 많이 있긴 하지만, 벽돌을 쌓아 올리는 일은 상황에 맞게 대응하는 능력과 창의성이 없으면 불가능합니다.

간단한 예를 들어봅시다. 작물에 비료와 농약을 살포하는 일은 예로부터 가장 기계화가 진척된 분야입니다. 최근에는 드론이나 로봇이 그 일을 지원하고 있습니다. 다만 무엇을 심을지, 어떤 재배 방법을 목표로 하고 있는지, 어떤 농법(자연농법, 유기농법, 친환경 농법)으로 할지는 가치의 선택이며 창의성을 가진 농가의 사람들만이 생각할 수 있습니다.

노동자도 마찬가지입니다. 어떤 노동이 성가신 작업이고 기계화할 수 있으며, 결과도 사람이 한 것과 같다면 이미 기계에게 맡긴 경우가 많을 것입니다. 공사 현장에서 무거운 자재를 옮기는 일도, 이미 착용하는 것만으로 물건을 나르는 능력이 향상되는 파워 보조 슈트를 사용하게 되었습니다. 하지만 이러한 일들은 어느 날 갑자기 AI가 나타나서 실현된 것은 아닙니다. 무거운 자재를 옮기는 일은 매우 피곤하고 힘들다는 인식이 있었기 때문에 기계를 사용하여 인간의 일을 도울 순 없을지에 대한 아이디어가 떠오른 것이라 생각합니다. 그 결과로 AI를 이용한 파워 보조 슈트와 같은 편리한 도구가 만들어진 겁니다.

이와 같은 발상은 어떠한 상황 속에서도 가능하지 않을까요? 이러한 과정을 거쳐 인간과 AI는 진화해 나간다고 생각합니다. 이는 부정할 필요도 없을 뿐만 아니라 인간의 일을 AI가 빼앗는다는 이야기도 아닙니다. AI의 도움을 받아 인간의 일이 보다 높은 수준으로 나아가고 있음을 의미합니다.

저는 디지털과 거리가 먼 사람들이 언젠가 사라질 거라 생각하지 않습니다. 디지털을 배우지 않으면 시대에 뒤처진다는 태도는 절대로 취하고 싶지 않으며 그 자세를 지금껏 견지해 왔습니다. 그 생각은 디지털 담당 정무위원이 된 지금도 같습니다. 그래서 모든 부회가 저의 이런 생각을 프로그램 개발 시에 참고해 주고 있습니다.

디지털 격차는 어느 한두 가지를 실시하는 것만으로는 메워지지 않습니다. 누구도 내버려 두고 가지 않는 인클루전, 즉 포용의 힘을 확보해야 합니다. 포용하는 태도가 확립된 후에는 지속 가능성과 환경이라는 두 가지 가치관을 확립해야 합니다. 이렇게 하면 다른 부회와 지방자치단체에서도 디지털 서비스를 발전시켜 나갈 때 연장자와 블루칼라, 그리고 미래를 짊어질 차세대 젊은이들을 희생시키는 일은 없겠지요. 바로 이 점이 무엇보다 제가 정부에 가장 공헌하고 있는 부분이라고 자부합니다. 결코 '한 가지 프로젝트(마스크 지도)'로 공헌한 것이 아닙니다.

AI를 활용하여 누구나 마음에 여유를 가지는 사회를 만들다

만일 자본주의는 시장 경쟁이 전부라고 정의된다면 심각한 문제일 것입니다. 현실을 들여다보면 경쟁 이외의 요소가 많다는 것을 알 수 있습니다. 마찬가지로 대만 사회의 이점은 사회 자체가 강하다는 점에 있습니다. 지역 발전을 지탱하는 것은, 협동조합과 커뮤니티 칼리지[19], 수많은 NPO(비영리조직)의 존재입니다. 그러므로 고령화는 결코 해결하기 어려운 문제가 아닙니다. 사회에 공헌하고 싶다고 해서 누군가의 자리를 뺏을 필요는 없습니다. 고령자가 사회 공헌 활동으로부터 얻을 수 있는 성취감은 은퇴하기 전보다 높은 경우도 있습니다.

19　* 지역 기반의 지방정부 지원으로 운영되는 2년제 대학.

은퇴한 고령자는 타인과 경쟁하거나 비교하는 일을 포기합니다. 개중에는 다가가기 어려운 사람도 있지만, 만약 그 사람이 미래 세대를 위해 노력한다면 '너는 이렇게 생각하지만, 나는 이렇게 생각한다'라고 말하며 자신의 생각을 관철시키거나 타인에게 화내고 꾸중하는 일도 사라지겠지요.

앞에서 잠깐 소개한 쑤전창 행정원장은 젊은 시절에 성격이 나쁘다는 말을 듣곤 했다고 합니다. 당시에 함께 일한 것은 아니어서 사실 여부는 알 수 없지만, 지금은 털끝만큼도 성격이 나쁘다고 느껴지지 않습니다. 현재의 본인을 스스로 '쑤전창 2.0'이라고 부를 만큼, 분명 나이가 들면서 달라져 왔겠지요.

대만에서 교육과 건강에 관한 이야기를 하게 되면 누구도 소외시키지 않는 인클루전의 개념으로 이어집니다. 인클루전은 포용 혹은 관용을 의미합니다. 대다수의 사람이 좋으면 그만인 것이 아니라 이상적으로 모든 사람에게 이익이 되는 방향을 목표로 하는 개념입니다. 앞서 말한 바와 같이 대만에서는 국민개보험제도인 전민건강보험이 1995년부터 시행되어 누구나 매월 저렴한 보험료를 지불하는 것으로 높은 수준의 의료 서비스를 받을 수 있게 되었습니다. 전민건강보험제도를 시행하는 근간에는 자신의 건강은 다른 모든 사람의 공동 책임이라는 생각이 있습니다.

지금 대만에서는 외딴섬이나 선주민이 많이 사는 지역에 내실 있는 의료체제를 확장해 나가고 있습니다. 이를 위해 앞서 말한 것처럼 타이둥(台東)의 시골 지역에 5G 인프라 설치를 추진하고 있습니다. 교육이나 의료 자원의 접근성에 있어서, 지방 사람들이 도시에 사는 사람들과 동등한 기회를 얻을 수 있도록 해야 한다고 생각하기 때문입니다. 그런 점에서 대만의 사회안전망은 제법 잘 구축되고 있다고 생각합니다.

창업을 하거나 자신이 추구하고자 하는 일을 실행하려면 당연히 위험이 따르기 마련이고 반드시 잘될 거라는 보장도 없습니다. 하지만 현재 대만에서는 설령 일에서 실패하더라도, 자신의 건강과 아이의 교육이 희생되는 일은 절대로 일어나지 않습니다. 적어도 최근 15년 동안은 이러한 건실한 사회가 유지되어 왔습니다.

무슨 일이든 그렇지만 강한 압박 속에서 경쟁을 강요당하면 상대를 정중하게 대할 여유가 없어집니다. 다시 말해 정신적 안정을 잃어버리게 됩니다. 자본주의 사회의 경쟁 원리가 초래한 폐해라고 할 수 있겠지요. 자기 정신이 건전하고 안정되어 있으면 자연스럽게 현명하고 예의 바른 사람이 됩니다. 대만은 정신과 마음에 여유가 있는 사회를 지향하고 있고 이를 위해 디지털을 적극적이고 효율적으로 활용해 나가려고 합니다.

2장

공익의 실현을 목표로: 나를 만들어 온 것

AUDREY TANG

DIGITAL & AI

저는 가라타니 고진의 교환양식X가 디지털을 통해 실현될 수 있다고 생각합니다. 디지털을 통해서 교환양식X가 구현된다는 것을 알 수 있다면 그것을 현실의 정치에 응용할 수 있을지도 모릅니다. 그 앞날에는 공공의 이익을 핵심으로 하여 자본주의에 얽매이지 않는 새로운 민주주의가 탄생할지도 모릅니다. 저에게 디지털 공간이란 그와 같은 미래의 모든 가능성을 고려하기 위한 실험 장소입니다.

가족, 그리고 일본과의 인연

저는 현재 대만 행정원에서 '디지털 담당 정무위원'이라는 직책을 맡고 있습니다. 특별히 정치인이 되려는 목표가 있었던 것은 아닙니다. 이전부터 공적인 일에 흥미가 있었고, 이를 실현하기 위해 지금까지 개발자로 쌓아온 제 경험을 정부 차원에서 활용하는 것도 재미있겠다고 생각한 것입니다.

그렇다면 왜 저는 공공의 일에 관심을 가지게 된 걸까요? 그 대답은 어쩌면 제 자신이 지금까지 살아온 방식에 있을지도 모릅니다. 우선 제가 현재 담당하는 일을 소개하기에 앞서 지금까지 제가 걸어온 길에 대해 조금 이야기해 보려고 합니다.

먼저 가족에 대한 이야기입니다. 제 친할머니(이하 '할머니'로 지칭)는 대만 중부의 루강(鹿港) 출신으로 일본통치시대(1895~1945년)의 교육을 받으셨습니다. 그 때문에 당시에는 일본 이름을 가지고 계셨고, 지금도 일본어로 이야기하실 수 있습니다. 한편 친할아버지(이하 '할아버지'로 지칭)는 중국의 쓰촨성(四川省) 룽창(隆昌) 출신으로 일본통치시대가 끝난 후 국민당군(国民党軍)[20]과 함께 대만으로 이주했습니다. 할아버지는 할머니와는 다른 의미로 일본과 관계가 있었습니다. 바로 중일전쟁(1937~1945년)의 기억입니다.

---

20   * 과거, 대만의 군대의 명칭으로 1947년부터는 '중화민국(대만) 국군'으로 이름을 바꾸었다. 우리나라를 포함한 해외 언론에서는 보통 '대만군'으로 부르기도 한다.

할아버지는 주로 레이더를 다루는 군조(軍曹)[21]로 오랫동안 공군에 있었습니다. 나이는 어리지만, 영어를 빨리 배워서 레이더 기기를 조작할 수 있었다고 합니다. 이후에도 정찰 임무를 맡았고 1958년 823포전(현재 대만이 지배하는 푸젠성(福建省) 진먼다오(金門島)[22]에서 발발한 국민당군과 공산당군의 전투) 당시에는 방위 임무를 맡았다고 들었습니다.

한편 할머니의 집안은 대만의 루강에서 '문개서원(文開書院)'이라는 사숙(私塾)[23]을 경영하고 있었습니다. 이 문개서원의 건물은 현존하고 있으며, 지금은 현지정 고적이 되었습니다. 반대로 할아버지는 쓰촨의 농가 출신이라 일본에 대한 두 사람의 감정은 전혀 달랐다고 볼 수 있겠지요. 대화를 나눌 때도 할머니는 일본어나 대만어, 할아버지는 중국어로만 가능했을 텐데, 한자를 읽을 수 있으니 아마도 연서를 주고받는 편이 소통은 잘 되었으리라 생각합니다.

본래라면 중국과 대만이라는 떨어진 곳에서 태어나고 자란 두 사람의 인생이 엮일 일은 없었겠지만, 역사의 커다란 물결 속에서 신기하게도 대만에서 만나 함께 살게 된 겁니다. 할아버지는 말수가 적은 사람이었는데 자주 시를 썼습니다. 시를 읽어 보면 쓰촨에 있는 가족을 그리워하는 마음이 느껴집니다. 제 기억으로는 두 분

---

21 * 일제 강점기의 일본군 하사관 계급 가운데 하나. 지금의 중사에 해당한다.

22 * 현재 대만이 지배하고 있으며 군사요충지이다. '금문도'라고 부르기도 한다.

23 * 학문을 사사로이 가르치던 곳. 대개 숙식을 함께 해결하였다.

의 사이가 무척 좋았습니다. 두 분 다 경건한 가톨릭 신자였는데, 공통의 신앙이 두 분을 맺어지게 한 이유 중 하나일지도 모릅니다.

현재 우리 가족은 모두 타이베이 북부에 위치한 단수이(淡水) 내에 새롭게 개발된 지역에 살고 있습니다. 제가 태어난 곳은 라오메이(老梅)에 있는 이른바 '외성인촌(外省人村)'(전후 중국 대륙에서 대만으로 이주한 사람들이 모여 살던 촌락)이라는 곳인데, 그곳이 철거되면서 '단하이 신도시(淡海新市鎭)'라는 지역으로 옮기게 되었습니다. 이전에는 교통이 매우 불편한 곳이었는데 지금은 경전철이 개통되어 점점 더 접근성이 좋아지고 있습니다. 저는 2주에 한 번씩은 단수이에 있는 본가에 가려고 하는데, 일 때문에 갈 수 없을 때는 영상통화로 가족과 이야기를 나눕니다. 할아버지는 돌아가셨지만 할머니는 여전히 건강하십니다.

가족이 단수이로 이주한 무렵에 저는 이미 성인이 되어 있었기 때문에 어린 시절의 기억이 남아 있는 곳은 라오메이 외성인촌의 풍경입니다. 라오메이는 단수이에서 그리 멀지 않은 곳으로 베이하이안(北海岸)의 푸구이자오(富貴角) 등대 옆에 있습니다. 이전에는 여름휴가 때면 어김없이 그곳에 갔습니다. 아버지와 아버지와 같은 세대 사람들은 외성인촌에서 자랐지만 외성인촌에서 살았던 적이 없는 저에게는 여름휴가의 추억 정도만 남아 있습니다.

예전에 할머니와 이모할머니께서 함께 일본으로 여행을 다녀오신 후, 할아버지에게도 권했지만 할아버지께서는 결국 일본에 가지 않으셨다고 합니다. 할아버지는 매우 너그러운 사람이신지라 전쟁의 기억 때문에 일본을 거부한 것은 아닐 거라고 생각합니다. 자기 안에 일본에 대한 부정적인 감정이 있었을지 몰라도, 결코 그런 감정을 절대 손자나 자식에게 심어주는 일을 할 분은 아니었습니다.

저는 지금까지 여러 번 일본을 방문했습니다. 처음에는 여행이 아니라 '매직: 더 개더링(Magic: The Gathering)'이라는 카드게임 대회에 참가하기 위한 목적이었습니다. 1998년 7월 26일부터 27일까지 이틀 동안 도쿄에서 아시아대회가 열렸는데, 그때 처음으로 일본을 방문했습니다. 참고로 그 대회에서 제가 거둔 성적은 아시아 8위였습니다.

부모님은 제가 일본을 방문해도 문제 될 것이 없다는 입장이었습니다. 자유주의의 세례를 받은 부모님이 일본을 배척하는 일은 전혀 없었습니다. 이러한 가정에서 자라다 보니 고모의 딸, 그러니까 제 고종사촌은 일본인과 결혼했습니다. 저희 일가족에게는 일본인과의 결혼도 전혀 거리낄 것이 없었습니다.

부모님에게 배운 크리티컬 씽킹과 크리에이티브 씽킹

대만의 신문사인 <중국시보(中國時報)>에서 근무한 적이 있는 부모님은 지적이고 진보적인 면이 있었습니다. 특히 독서가인 아버지

덕분에 집에는 다양한 종류의 책이 있었습니다. 저는 아버지 서재에 드나들며 자유롭게 책을 읽을 수 있었고 아버지도 그런 행동을 꾸짖지 않았습니다.

아버지와 저는 어릴 적부터 '소크라테스의 산파술[24]'을 응용하여 대화를 나누었습니다. 아버지는 제 의견을 부정하지 않았고 어떠한 개념도 강요하지 않았습니다. 아버지께서 강조한 개념이 있다면, '누구의 개념이라도 그대로 받아들이지 마라'는 개념이었을 겁니다. 흔히 말하는 크리티컬 씽킹(Critical Thinking), 즉 비판적 사고입니다.

비판적 사고법이라고 하면 단순히 타인을 비판하는 것으로 받아들이는 사람이 있는데, 실은 전혀 다릅니다. '크리티컬'은 결코 상대를 비판한다는 의미가 아니라 자신의 사고를 증거에 기반하여 논리적이고 치우침 없이 파악함과 동시에 추론 과정을 의식적으로 음미하는 반성적 사고법을 말합니다. 요컨대 크리티컬 씽킹이란 사안을 명확하게 이해하기 위한 사고법입니다. 아버지는 이러한 관점으로 저를 가르쳤습니다.

이와는 달리 어머니는 크리에이티브 씽킹(Creative Thinking)을 중시하였습니다. 크리에이티브 씽킹이란 기존의 형태와 분류에 얽매이지 않고 자신의 방향성을 찾아 나가는 사고법입니다. 어머니는

---

24 * 소크라테스가 대화 상대방과 사용한 대화 방법으로, 대화를 거듭하며 상대의 대답에 포함된 모순을 지적하고 상대에게 무지를 자각하게 함으로써 진리 인식으로 이끄는 방법.

이렇게 말씀하셨습니다.

"내 생각이 비록 개인적인 것일지라도 그 내용을 언어로 명확하게 설명할 수 있다면 같은 생각을 가진 사람과 반드시 만날 수 있다. 그러면 내가 생각하거나 설명한 것은 단순히 개인적인 생각이 아닌 공공성을 가진 생각이 되고, 같은 생각이나 의견을 가진 사람이 '어떻게 하면 보다 나은 생활을 할 수 있을지'를 함께 생각하는 계기가 된다."

이처럼 부모님은 아이의 탐구심을 억눌러서는 안 된다는 강한 신념을 가지고 저를 키웠습니다. 아버지는 저에게 표준 답안을 주려고 하지 않으셨고 그런 답안이 애초에 존재한다고도 생각하지 않으셨던 것 같습니다. 언뜻 표준 답안처럼 보이는 경우라도, 반드시 몇 가지 전제 조건이 필요하고 그 조건을 충족하는 경우에만 표준 답안이 유효해진다고 아버지는 생각하셨습니다.

이것은, 전제 조건이 달라졌는데도 언제까지나 낡은 생각에 매달려 있다면 거기에는 크리티컬 씽킹이 존재하지 않는다는 의미입니다. 그런데 전제 조건이 달라졌을 때 지금까지 익숙한 사고방식을 버리고 새로운 사고방식을 가지려면 어떻게 해야 할까요?

그럴 때는 주변 사람들의 기분에 좀 더 주의를 기울여야 합니다. 많은 사람이 '이 방법이라면 받아들일 수 있다'고 생각할 때, 새로운 영역에 발을 내딛는 하나의 방향성이 마련됩니다. 만일 누군가가 '이 방향은 내키지 않는다, 마음에 들지 않는다'고 말한다면 그런 생각도 역시 고려할 필요가 있겠지요. 궁극적으로는 모두가 받아들일 수 있는 방향을 향해 새로운 해결 방법을 만들어 나가는 것, 이것이 바로 제가 생각하는 크리에이티브 씽킹입니다.

'낡은 것에 대한 생각에서 벗어나 현재의 우리가 주의를 기울여 새로운 방향성을 이끌어내고 미래를 향한 새로운 관점을 제시한다'는 일련의 흐름은 다양한 사안에 대해 표준 답안에 얽매이지 않기 위한 방법일 것입니다. 아버지가 이러한 체계로 사고했기 때문에, 저도 철이 들면서 자연스럽게 이 방법으로 여러 사안에 대해 토론해 왔습니다. 그리고 이것이 제 자립심을 키웠을 것입니다.

예를 들어 이번 코로나19는 이제껏 아무도 겪어 보지 못한 새로운 팬데믹 바이러스입니다. 2003년에 유행한 사스의 버전 2.0이라고도 할 수 있겠지만, 당연히 사스 1.0 때와는 다릅니다. 그러므로 두 바이러스를 같은 것으로 취급하는 것은 잘못입니다. 또한 계속해서 바이러스에 유연하게 대응해야 합니다. '마스크 쓰기', '물건을 만진 손으로 입을 만지지 않기', '비누로 손 씻기'와 같은 새로운 사회적 약속을 홍보하는 동시에, 우리는 코로나19의 성질을 파악해 나갑니다. 이렇게 해서 새로운 상식이 서서히 확대되는 것입니다.

중요한 것은 이 바이러스에 대한 이해가 깊어지는 과정에서 사스를 포함해 이전부터 알려져 있던 표준 답안은 전혀 참고가 되지 않는다는 점입니다. 왜냐하면 코로나19는 사스와는 전혀 다른 바이러스이기 때문입니다. 그런 의미에서 이번 팬데믹은 인류가 낡은 생각을 버리고 새로운 사고방식을 얻기 위해 전 세계가 일제히 치르는 하나의 시험이라고 생각합니다.

모든 것의 시작이 된 '프로젝트 구텐베르크'와의 만남

저는 1993년 열두 살 때, 당시 대만대학에 있던 리우덩(劉燈)이라는 친구 덕분에 처음 인터넷을 접했습니다. 대학에는 학술용 인터넷이 있었는데, 그 계정을 빌려주었던 겁니다. 그래서 저는 집에서 모뎀(컴퓨터끼리 통신할 수 있도록 하는 장치)을 연결하면 인터넷을 이용할 수 있었습니다. 아버지가 사다 준 모뎀을 모듈러에 꽂아 두면 전화 회선을 통해 다른 컴퓨터와 통신하는 것이 가능했습니다.

대만대학의 학술 네트워크를 통해 저는 세계적인 고전의 전자정보화 운동에 관여하게 되었습니다. 이것이 바로 '프로젝트 구텐베르크(Project Gutenberg)'와의 만남입니다. 이 프로젝트는 저자 사후 일정한 기간이 경과하여 저작권이 만료된 명작의 전문을 전자화된 문서로 저장하고 인터넷으로 공개하는 프로젝트입니다.

당시 제가 학교에서 읽었던 책은 모두 외국 서적의 번역판이었습니다. 그 책들의 원서를 읽고 싶어도 쉽게 구할 수 있는 것은 아니었습니다. 그때 인터넷으로 '프로젝트 구텐베르크'가 시작되었음을 알았습니다. 개중에는 무료로 다운로드할 수 있는 작품들이 많아서 그런 작품들을 전자책으로 읽기 시작했습니다. 그러다 보니 저도 자연스럽게 '프로젝트 구텐베르크' 운동에 참여하게 된 것입니다.

참여에는 다양한 방법이 있습니다. 예를 들어 '어떤 작품의 어느 부분에 오탈자가 있다'고 알리기 위해 메일을 쓰는 것도 프로젝트에 대한 하나의 공헌이 되고, 이 프로젝트의 존재를 알리는 것도 마찬가지로 하나의 공헌이 됩니다. 물론 기존의 작품을 직접 입력하여 데이터로 만드는 것도 중요한 공헌이지만, 당시 제 영어 실력은 작품 데이터를 입력하는 작업이 가능할 정도의 수준은 아니었습니다.

제가 '프로젝트 구텐베르크'에 구체적으로 공헌한 부분은 바로 중국어의 번체자(대만과 홍콩에서 사용하는 정자체)와 간체자(중국에서 사용하는 약자체) 간의 자동 변환 기능입니다. 당시 인터넷에 게재된 대부분의 콘텐츠는 중국어로 된 콘텐츠라 해도 번체자 버전과 간체자 버전이 반드시 함께 제공된 것은 아니었습니다. 저는 이점에 착안하여 본래 콘텐츠가 간체자라면 자동으로 번체자로 변환되고, 그 반대도 가능한 프로그램을 작성했던 겁니다. 바로 이것이 제가 '프로젝트 구텐베르크'에 공헌한 대표 사례입니다.

당시에 만든 'Han Convert'라는 프로그램은 이후에도 많은 사람의 손을 거쳐, 보다 사용하기 편리하도록 개선 작업이 진행되었습니다. 그 후 'Open CC'라는 또 다른 한자 변환 프로젝트도 만들어졌습니다. 실제로는 'Open CC'가 'Han Convert'보다 훨씬 진화된 것이라 제 흥미도 다른 방향으로 옮겨졌습니다. 현재는 저를 포함한 많은 사람이 'Open CC'를 사용하고 있습니다.

이처럼 프로그래밍이란 다른 누군가가 먼저 만들어 낸 아이디어를 자신의 필요에 맞게 조금씩 바꾸고 발전시켜 나가는 것입니다. 이러한 작업은 글을 쓰는 행위와 비슷합니다. 예를 들어 글을 쓸 때는 쓰기 전에 주제와 관련된 다양한 자료를 읽습니다. 그리고 이를 자신의 독창적인 관점으로 재구성하여 글을 작성합니다. 그러므로 자신이 순수하게 만들어 낸 부분은 오로지 자신의 관점뿐입니다. 사용하는 단어는 사전에 이미 존재하던 것이지 우리가 처음부터 만들어 낸 것이 아닙니다.

물론 새로운 언어를 만들어 낼 수도 있겠지요. 하지만 자신이 만들어 낸 언어와 현재 우리가 사용하는 언어를 연결할 방법을 마련하지 못한다면 새롭게 만들어 내는 의미가 없습니다. 연결되지 않으면 새로운 언어를 배울 방법도, 번역할 수단도 없기 때문입니다. 자기 혼자만 사용할 수 있는 언어를 만들어 봤자 다른 언어와 소통이 되지 않는다면 언어로 존재하는 가치가 없습니다.

이처럼 '프로젝트 구텐베르크'에서는 모두 함께 프로그램을 보다 나은 방향으로 만들어가는 즐거움을 배웠습니다. 또, 이 '프로젝트 구텐베르크'와의 만남이 저에게는 모든 것의 시작이 되었습니다. 인종이나 국적, 연령, 성별도 모르는 누군가와 목적을 공유하는 과정에서 제가 있어야 할 자리를 찾을 수 있었던 겁니다.

열네 살에 학교를 떠나 인터넷으로 독학을 시작하다

태어날 때부터 선천성 심실중격결손증[25]이라는 심장 질환을 앓았던 저는 체력이 약해서 감정이 격해지면 안색이 보랏빛으로 변하고 심지어 쓰러지기도 했습니다. 이러한 신체적인 이유로 화를 낼 수 없었고, 학교의 집단생활에 어울리지 못했습니다. 소학교(우리나라의 초등학교에 해당) 2학년 때는 따돌림을 당하기도 했고 학교생활에 적응하지 못하는 부분이 많아 그때마다 학교를 옮겨 다녔습니다. 그러다 보니 유치원 세 곳과 소학교 여섯 곳을 다닐 정도였습니다. 중학교는 1년밖에 다니지 않았고, 결국 열네 살에 중퇴하게 되었습니다.

앞에서도 말했듯이, 열네 살에 학교를 떠나기 전에 가족의 동의를 얻어 타이베이시 교외에 위치한 우라이의 한적한 환경에서 지낸 적이 있습니다. 그곳에서 앞으로 어떻게 할지를 생각했습니다. 당시 저는 대만 전역의 초중고생이 참가하는 '전국중학생과학기술전'이라는 대회의 응용과학부문에서 1위를 차지하여 원하는 고등학교에 시험을 보지 않더라도 진학할 수 있는 자격이 있었습니다. 당시 진학하고 싶은 고등학교가 없지는 않았지만, 이미 저는 인터

---

25 * 선천성 심장 기형의 일종으로 좌심실과 우심실 사이의 중간벽(심실중격)에 결손(구멍)이 있는 경우를 말한다. 엄마 뱃속에서 심장이 형성되는 과정에서 심실중격이 완전히 닫히지 않아 구멍이 남아 있는 기형으로, 선청성 심질환 중에서 약 25-30%를 차지하는 가장 흔한 심장병이라고 할 수 있다.(출처: 국가건강정보포털 의학정보)

넷을 통해 스스로의 흥미와 관련된 연구를 추진하고 있었기에 고등학교에 진학하지 않기로 결정했습니다.

당시 연구 주제는 AI와 자연어 처리에 관한 최첨단 기술이었습니다. 연구 과정에서 인터넷을 통해 많은 연구자와 대화를 나누었습니다. 그 덕분에 얼마 지나지 않아 학교 수업에서 배우는 내용이 인터넷을 통해 배울 수 있는 최첨단 지식보다 10년 정도 뒤처진다는 사실을 알게 되었습니다. 그렇다면 학교를 다니는 것보다 직접 인터넷을 통해 배우는 게 낫겠다고 생각하게 되었습니다.

그 무렵, 인터넷 친구들은 모두 저보다 다섯 살에서 열 살가량 나이가 많았습니다. 그러다 보니 각기 다른 인생의 길을 제안해 주었습니다. 고등학교에 가야 한다고 말하는 친구가 있는가 하면 해외로 가야 한다고 조언하는 친구도 있었습니다. 각자 다른 의견을 하나로 모으기 어려웠던 저는 모두에게 '조언을 참고하겠다'고만 말했습니다.

총 스무 명이 의견을 들려주었습니다. 각자 무엇이 제게 최선의 이익이 될지를 고려하여 조언해 주었던 겁니다. 그것이 제게는 최상의 시작이었다고 생각합니다. 다만 그들은 모두 성장 과정에서 일종의 제한을 받았습니다. 아직 인터넷이 존재하지 않았던 시절에 성장했기 때문입니다. 그래서 저는 그들의 조언이 얼마나 참고가 될지를 스스로 정해야만 했습니다.

하지만 누군가의 조언을 고려하면서 또 다른 누군가의 이야기를 듣고만 있어서는 진로를 결정하는 사안에 집중할 수 없었습니다. 그래서 일단 '중학교를 그만두고 독학을 하고 싶다'는 생각을 당시 중학교 교장 선생님께 솔직하게 털어 놓았습니다. 제 이야기를 다 들은 교장 선생님은 "네가 동경하는 미국의 유명 대학교수들과 함께 일하려면 좋은 대학에 들어가야 하고 그러기 위해서라도 좋은 고등학교에 가야 한다. 앞으로 10년은 학교에서 공부해야 한다."라고 말씀하셨습니다.

하지만 앞에서도 이야기했듯이 저는 이미 인터넷을 통해 함께 일하고 싶었던 교수들과도 소통하고 있었습니다. 제가 연구와 관련하여 그들과 교환한 메일을 교장 선생님께 보여드리며 "이미 함께 일을 하고 있습니다. 매일 학교에 다니면 연구할 시간이 줄어듭니다. 그런데도 고등학교에 진학해야 하나요?"라고 물었습니다.

문제는, 중학교를 중퇴하고 싶다는 제 요구를 받아들이면 교장 선생님은 처벌을 받게 됩니다. 당시에는 월반에 관한 법률이 없었고 중학교는 의무 교육이었기 때문에 교장 선생님이 제 의견을 받아들이는 것은 법률을 위반하는 행위였던 겁니다. 저는 내심 교장 선생님이 교육국의 압력을 피해 저를 지원해 주기를 은근히 기대하고 있었습니다.

교장 선생님은 제 이야기를 듣고 1~2분 동안 침묵하다가, 마침내 말문을 열고 이렇게 말했습니다. "나머지는 내가 알아서 할 테니, 내일부터 학교에 나오지 않아도 돼."

시효가 지난 지금이니까 말할 수 있는 일이지만, 교장 선생님은 교육국의 감사가 왔을 때도 마치 제가 학교에 나와 있는 것처럼 위장하여 저를 지켜주었습니다. 그 거짓말 덕분에 저는 학교에 가지 않고 제 속도에 맞춰 인터넷으로 학습을 계속할 수 있었던 겁니다.

중학교를 그만두고 싶다고 했을 때 어머니는 처음부터 찬성이었지만 아버지는 반대했습니다. 그렇지만, 가족들이 존경하는 교장 선생님이 '괜찮다'고 했으므로 아버지는 아무 말도 하지 않으셨습니다. 나중에 들기로는 아버지는 교장 선생님이 그런 생각을 받아줄지 확인하고 싶었을 뿐이었다고 합니다. 저의 생각을 지지해 주신 교장 선생님께는 진심으로 감사하게 생각합니다.

AI 추론과 비트겐슈타인의 철학

처음으로 AI와 만난 것도 그 무렵이었습니다. 앞서 이야기한 '전국 중학생과학기술전'의 주제가 논리적 추론이었는데, '세계의 정세에 대해 기술하고 그 내용을 스스로 논리적으로 추론하여 결론을 도출하라'는 문제가 나왔습니다. 여기서 처음으로 AI 추론을 알게 되었고 흥미를 가지게 되었습니다. 참고로 이때 제가 택한 주제는 <Arithmetic(산술) 압축 연산법의 실천에 대해서>였습니다.

저는 어릴 적부터 수학을 좋아했는데, 손으로 쓰는 속도가 느려 시간이 걸리다 보니 계산 자체는 그다지 좋아하지 않았습니다. 나중에서야 컴퓨터에게 성가신 부분을 대신하게 하면 계산이 빨리 끝난다는 것을 알았습니다. 그때 수학의 원리만 배우면 된다는 확신이 들었습니다. 증명은 내가 하지 말고 컴퓨터에게 시키면 될 것이 아닌가, 하고 말입니다. 이때부터 AI 추론에 흥미를 갖게 되었습니다.

AI 추론은 비유하자면 자전거와 같습니다. 내 스스로 어느 쪽으로 나아갈지, 언제 페달을 밟을지 정하고 나면 나머지는 자전거의 움직임에 맡겨버리면 됩니다. 한 발 한 발 페달을 밟을수록 더욱 앞으로 나아가는 듯한 느낌이 스티브 잡스가 말한 '마음의 자전거(도구를 사용하면 보다 빨리, 보다 쉽게 목적을 달성할 수 있다)'와 같았습니다.

중학생 시절에 만난 한 권의 책이 있습니다. 바로 오스트리아의 사상가인 루트비히 비트겐슈타인(Ludwig J. J. Wittgenstein)의 《논리철학논고(Logisch-philosophische Abhandlung)》라는 책입니다. 이 책에 추론의 기본이 설명되어 있습니다. 다만 기본 원리로서 '진리표'라는 표를 여러 장 그려야 하는데, 수작업으로 하기에는 솔직히 번거롭습니다. 여기서 저는 이런 성가신 작업을 전부 컴퓨터에게 시키는 아이디어를 떠올렸습니다.

예를 들어 컴퓨터에 '사람은 반드시 죽는다, 소크라테스는 사람이다'라는 전제를 입력하면 컴퓨터는 '그러므로 소크라테스는 반드시 죽는다'라는 추론 결과를 도출합니다. 가장 기초적인 삼단논법이지만 여기서부터 많은 논리적 추론을 실행할 수 있습니다. 이처럼 컴퓨터가 수학자의 증명 작업을 지원할 수 있음을 깨닫고, 저는 AI 추론에 점점 더 흥미를 가지게 되었습니다.

비트겐슈타인은 저에게 강한 영향을 주었습니다. 그의 철학 사상은 전기와 후기로 나뉩니다. 전기의 주요 사상은 《논리철학논고》에 정리되어 있는데, 거기서 빈학파(Wien學派)[26]와 인지과학 등이 탄생했습니다. 후기 사상은 '언어게임 이론'으로 불리는데, 언어의 의미를 특정 게임에 대해 작용하는 기능으로 이해해야 한다고 보았습니다.

그의 사상은 매우 독특한 아이디어로부터 구축되어 있습니다. 비교적 초기의 AI가 반복학습으로 일관하거나 전문가에 한정된 시스템이었던 점은 전기의 비트겐슈타인의 사상과 유사합니다. 비트겐슈타인의 후기 저서에서는, 언어의 의미가 반드시 그 문장의 구조에 의해 결정되는 것은 아니며 실제로 사회에서 사용되는 쓰임새에 의존한다고 지적합니다. AI의 존재 의의가 이 사회에서 그저 단순하게 정해지는 것이 아니라 '인간이 사용하는 방법에 따라 정해진다'는 사고방식은 비트겐슈타인의 후기 사상과 유사하다고 말할 수 있을지도 모르겠습니다.

제가 비트겐슈타인에게 영향을 받은 점은 우선 그의 언어 사용법입니다. 저는 언어의 사용법, 즉 말이 어떤 의미를 전하는지, 하

26 　* 빈대학교 철학교수였던 M.슐리크를 중심으로 1920년대부터 1930년대에 걸쳐 활동한 논리실증주의(論理實證主義) 경향의 철학자·과학자 그룹(출처: 두산백과)

나의 단어가 어떤 의미를 전달하는지를 매우 엄격하게 인식하고 있습니다. 언어의 사용법에 따라 마치 단어 하나하나의 개념이 각각의 역할을 바꾸듯 달라지기 때문입니다. 그리고 그것은 논리 관계를 통해 연결되는데, 이 연결 방식 또한 고정되어 있는 것은 아닙니다. 그때그때의 실제 상황에 맞춰 마치 그림을 그리듯이 세계의 진실한 상태를 반영합니다.

이것은 논리적으로 제시되는 'Picture'와 같은 겁니다. 문자 그대로 사진과 같습니다. 사진은 그 순간의 상태 하나, 각도 하나만을 포착하지만, 적어도 그 각도에서는 본 것이나 생각하고 있는 것을 최대한 정확하게 찍어 낼 수 있습니다. 저는 《논리철학논고》에서 이러한 관점들을 배웠습니다.

열다섯 살에 창업하고 열여덟 살에 미국으로 건너가다

열네 살에 학교를 떠난 저는 독학을 계속하면서 창업을 목표로 했습니다. 처음으로 창업한 때가 열다섯 살이었습니다. '자신인문화사업공사(資訊人文化事業公司)'라는 출판사였는데 책을 집필하고 출판하는 일을 했습니다. 이후 그 회사는 출판업에서 소프트웨어를 개발하는 회사로 변신했습니다. 회사의 테크니컬 디렉터가 되어 회사 주식의 3분의 1 정도를 갖기도 했습니다(실제로는 열다섯 살이라 주식을 보유할 수 없었기 때문에 어머니가 대신 소유). 이 회사에서 받은 월급이 태어나서 처음으로 받은 월급이었습니다. 아마도 한 달에 5만 위안(지금 시세로 환산하면 약 200만 원 정도)이었던 것으로 기억합니다. 그 후 회사는 해외에 투자를 하는 등 해외 사업을 전개하였는데, 그 즈음에 저는 회사를 떠나 있었습니다.

열여덟, 열아홉 살 무렵에 미국으로 건너가 실리콘밸리에서 창업을 했습니다. 당시 실리콘밸리에는 프리 소프트웨어 운동에서 파생한 오픈소스 운동[27]이 시작되고 있었습니다. 오픈소스가 프리 소프트웨어와 다른 점은 디지털 기술을 사용하는 개인의 기본적 권리를 인정했다는 것입니다. 양측은 비슷한 주장을 하고 있었지만 오픈소스의 포인트는 '모두가 함께 공개된 공간에서 개발을 추진한다'는 데 있습니다. 서로의 성과를 공유함으로써 개인이 필요로 하는 비용은 낮아집니다. 그렇기 때문에 누구나 참여하기 쉬웠습니다. 저도 오픈소스 운동에 참여했습니다. 구체적으로는 운동

27　＊ 오픈소스 운동: 개발자 리처드 스톨만(Richard Stallman)이 처음 주창한 프리 소프트웨어 운동을 모태로 한다. 오픈소스란 용어가 정식으로 등장한 건 1990년대. 프리 소프트웨어 운동에 참여했던 자들 중 일부는 Free가 '자유'가 아닌 단순 무료 소프트웨어 등으로 인식될 수 있는 부작용을 우려해 1998년 오픈소스란 말을 제안했는데, 여기에 리눅스 창시자인 리누스 토발즈 등이 동조하며 점차 널리 확산되기 시작했다. 다만, 리처드 스톨만이 오픈소스를 거부하면서 그의 자유 소프트웨어와 오픈소스 운동은 비슷하지만 조금 다른 의미로 해석해야 한다. 소스코드 공개와 공유의 가치라는 측면에서는 유사한 반면, 자유 소프트웨어는 GPL 라이선스 기반의 훨씬 강력하고 엄격한 소스 공개, 공유 원칙 등을 적용하고 있다. (출처: "공유의 진정한 가치, '오픈소스'", <테크월드뉴스>, 2020.06.19., <http://www.epnc.co.kr/news/articleView.html?idxno=98334>(접속일: 2021.06.02).)

의 기본 이념을 중국어로 번역하여 소개하고 인터넷을 통해 모은 참여자를 설득하여 운동에 동참시키는 활동을 했습니다.

제가 설립한 소프트웨어 회사는 2001년부터 2002년에 걸쳐 '수심쾌수(搜尋快手, FusionSearch)'라는 검색을 도와주는 소프트웨어를 개발했습니다. 이 소프트웨어는 3, 4년 동안 전 세계적으로 약 8백만 세트가 판매되었습니다. 당시 대만의 중앙연구원(정부 직속 학술기관)에도 판매되어 프리 소프트웨어의 수탁 생산사가 되었는데, 지금 생각해 보면, 이것이 저에게는 처음으로 정부와 관련된 일이었습니다. 당시 이 안건을 담당한 분이 리더차이(李德財)(계산기하학 전공, 전 노스웨스턴대학 교수) 선생과 허진밍(河建明)(중앙연구원 정보연구소 전 부소장) 선생이었는데, 지금도 업무적으로 연락을 주고받고 있습니다.

제가 실리콘밸리에 머문 시간은 반 년 정도였습니다. 운용 모델을 찾는 것이 목적이었기 때문에 그 모델만 찾는다면 이후에는 어디에 있든 그리 중요하지 않았습니다.

서른세 살에 비즈니스에서 은퇴하고 Siri 개발에 참여하다

저는 서른세 살에 비즈니스 현장에서 은퇴한 후, 애플과 옥스퍼드 대학 출판국, 대만의 IT 기기 제조사 벤큐(BenQ) 등에서 디지털

고문으로 일했습니다.

애플에서는 클라우드 서비스 로컬리제이션(Cloud Service Localization) 부문에 재직했습니다. 그곳에서 클라우드를 현지화하는 일, 즉 제품을 외국에서도 사용할 수 있도록 현지 언어로 적합하게 대체하는 일을 했습니다. 제가 참여했을 당시, 아이폰과 아이패드 등 애플 제품에 탑재된 음성인식 서비스 Siri는 영어만 구사할 수 있었습니다. 그렇지만 제가 퇴직할 무렵에는 여러 언어를 구사할 수 있게 되었습니다.

퇴직 전 마지막 프로젝트는 Siri가 상하이어를 구사할 수 있게 하는 것이었는데, 마침 그 무렵에 행정원 일에 관여하게 되어 이 프로젝트에는 완전하게 참여하지 못했습니다. 지금도 상하이어 대사전을 펼쳐 스캔하던 일을 아주 선명하게 기억하고 있습니다. 저는 상하이어를 할 수 없기 때문에, 말하자면 수영을 못 하는 사람이 수영 코치가 된 듯한 상황이었습니다.

맥(Mac)을 구입해서 세팅을 하다 보면, '정보를 공유하겠냐'는 알림창을 볼 수 있습니다. 거부하면 Siri는 사용자인 당신하고만 대화할 테지만, 공유를 허용하면 Siri는 자신이 배운 단어를 클라우드로 보내 다른 Siri와 정보를 공유하게 됩니다. 이 경우에 Siri는 인간이 이야기하는 것을 듣고 기기 내에서 이해할 수 있는지 판단합니다. 스스로 이해할 수 있으면 바로 대응하지만 전문용어 등을 이해할 수 없으면 자신이 학습한 새로운 단어를 클라우드에 알리고 다른 Siri와 데이터 공유를 시도합니다. 일본 애니메이션《공각기동대》에 등장하는 AI를 탑재한 소형 전차 '타치코마'와 마찬가지로, 각 Siri가 새로운 단어를 학습하면 전체와 공유하는 구조로 되어 있는 겁니다.

저는 이러한 Siri 프로젝트를 지원했습니다. 또한 맥과 아이폰에 내장된 번체자 중국어 사전을 애플 시스템에 구축하는 프로젝트도 진행했는데, 이 일에는 제가 거의 참여했습니다. 그 밖에도 많은 일을 했는데, 전반적으로는 시스템에 다국어 환경을 구축하는 작업들이었습니다. 이러한 경력은 지금 하는 일과도 직·간접적으로 이어져 있습니다.

가라타니 고진의 '교환양식X'에서 받은 큰 영향

현재 제가 흥미를 가지고 있는 것 중 하나가 일본의 철학자이자 문예평론가인 가라타니 고진(柄谷行人)이 제창한 '교환양식X'를 디지털의 힘으로 실현할 수 있을지에 대한 것입니다.

가라타니 고진의 사상은 제게 큰 영향을 주었습니다. 예를 들어 《트랜스크리틱: 칸트와 맑스》는 칸트의 시점에서 마르크스를, 마르크스의 시점에서 칸트를 바라본 것인데, 제게 큰 영향을 준 작품입니다.

다양한 생각을 담아낸 그의 책 중에서도 저는 특히《트랜스크리틱》에 이어 간행된《세계사의 구조》에 등장하는 '교환양식X'라는 개념에 큰 영향을 받았습니다. 교환양식X란 가정과 같은 무상 관계의 교환양식A, 상사와 부하와 같은 상하 관계의 교환양식B, 정부 내부 혹은 불특정 다수의 사람이 대가를 교환하는 시장과 같은 관계의 교환양식C, 이 세 부류에 속하지 않는 네 번째 교환양식을 가리킵니다. 이것은 개방적인 방법으로 불특정 다수의 사람들을 대상으로 하면서 '가족처럼 무언가 도움을 필요로 하면 보상을 바라지 않고 돕는' 교환양식입니다(**그림3**).

2014년과 2015년에 대만에서 열린 행사에서 가라타니 고진을 만날 기회가 있었습니다. 이야기를 나눠보니 우리의 시점이 닮아 있어서 무척 기뻤고, 그가 자신만의 관점으로 지금까지의 철학자들에 대해 정리해준 것이 많은 참고가 되었습니다.

그가 말하는 교환양식의 기본적인 개념은 다음과 같습니다. 교환을 생각할 때 두 가지 방향성이 있습니다. 하나는 아는 사람과의 교환인지, 낯선 사람과의 교환인지의 방향성이고, 또 하나는 교환 중에 보상관계가 성립되는지 그렇지 않은지의 방향성입니다. 보상관계란 상대에게 무언가를 받고 자신도 상대에게 주는 등가교환의 관계입니다. 보상관계가 성립되지 않는 교환에는 무상으로 교환하거나 자유롭게 나누는 패턴이 있습니다. 따라서 다음과 같이 두 가지 방향성에서 네 종류의 교환양식이 만들어지게 됩니다.

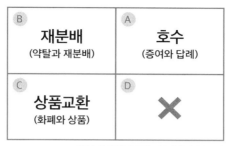

출처: 가라타니 고진 저 《세계사의 구조》

그림3 가라타니 고진의 '교환양식X'

- Ⓐ: 아는 사람과 보상관계가 되어 교환하는 패턴
- Ⓑ: 아는 사람과 보상관계가 되지 않고 교환하는 패턴
- Ⓒ: 낯선 사람과 보상관계가 되어 교환하는 패턴
- Ⓓ: 낯선 사람과 보상관계가 되지 않고 교환하는 패턴

예를 들어 아는 사람하고만 교환하지만 자유롭게 교환(Ⓑ)하는 것은 가족입니다. 가족이라면 분명히 서로를 알고 있고 도움이 필요하면 손을 내밀겠지요. 이 패턴은 도와주고 나중에 보상을 바라는 관계가 아닙니다. 그런 점에서 닫힌 교환이자 대가가 없는 교환입니다.

마찬가지로 닫힌 교환이지만 보상이 있는 교환도 있습니다(Ⓐ). 이 패턴은 국가와 정부를 떠올리면 되겠네요. 납세를 하면, 이에 따라 국가와 정부는 우리에게 인프라와 서비스를 제공합니다. 이것은 종래의 국가 개념으로 이 교환 시스템에 참여할 수 있는 사람은 국민 혹은 시민과 같은 아는 사람에 한정됩니다.

　다음은 만난 적 없는 불특정한 사람과 보상을 동반한 교환을 하는 패턴(ⓒ)입니다. 시장을 떠올리면 이해하기 쉽습니다. 당신이 만일 무언가를 팔기 위해 가게를 차린다면 상대가 국민이든 가족이든 돈을 들고 사러 왔을 때 상품을 팔겠지요. 이 경우 어떤 종류의 열린 교환이 성립됩니다.

　여기서 가라타니 고진은 질문을 던집니다. 불특정한 사람에게 대가를 바라지 않고 무상으로 나누어 주고 싶다면 어떤 양식이 될까요? 이것이 '열린 무상 교환' 패턴인데, 이 양식에는 이름이 없습니다. 가라타니 고진은 이 양식을 'X'라고 명명했습니다. 이것이 바로 교환양식X입니다(ⓓ).

　저는 그에게 이더리움이나 비트코인처럼 전 세계의 불특정 다수가 조직화한 플랫폼을 통해 교환이 이루어지는 새로운 분산형 교환양식을 교환양식X의 실현이라고 이해해도 되는지 질문했습니다. 이 질문에 대해 그는 지역 통화와 자신이 생각하고 있는 통화 발행 시스템 등을 섞어 답변해 주었습니다.

　즉, 이러한 분산형 방향으로 나아가는 현상은 결코 나쁘지 않지만 상호 신뢰가 없는 낯선 사람 사이의 교환 시스템의 경우, 기본적인 시스템에 대해 어떻게 신뢰를 확보해 나갈지가 중요한 과제 중 하나가 된다는 것입니다.

　교환 시스템에 참여하는 사람들이 서로 안면이 있고 적어도 누군가의 추천으로 참여한다면 앞에서 말한 가족의 개념을 확대하면 되지만, 낯선 사람과의 교환은 어떻게 신뢰를 담보할지를 해결해야 합니다. 시장이라면 이것은 문제가 되지 않습니다. 교환이 자유롭다는 것만으로 대등함도 등가성도 필요하지 않기 때문입니다.

제가 문제로 삼는 것은 지식의 교환과 같은 경우입니다. 내가 지식을 누군가와 공유했다고 해서 나의 지식을 잃는 것은 아닙니다. 사실상 독점권 없는 무상 교환양식입니다. 이 경우에 내 지식을 공유받은 사람이 그 지식을 이용하여 내가 원하지 않는 일은 하지 않는다는 신뢰 관계가 필요합니다. 이 신뢰 관계를 어떻게 구축할 것인가는 아직 완전히 해결되지 않은 문제입니다. 그렇기 때문에 "이 문제를 먼저 해결하지 않고서는 이 길을 계속 걸어 나갈 수 없다"고 가라타니 고진은 말했습니다.

디지털 공간은 미래의 모든 가능성을 고려하기 위한 실험 장소

실제로 이러한 '무상'이라는 개념은 불교나 다른 종교 등에서도 강조하고 있습니다. 그 밖에도 이와 비슷한 개념을 찾고자 한다면 찾을 수 있겠지요. 무상이라는 것은 어떤 종류의 신앙과도 관련되어 있다고 할 수 있기 때문입니다.

하지만 가라타니 고진은 '무상'이라는 개념을 결코 일종의 종교나 신앙의 일종으로 보지 않았고, 순수하게 교환양식으로 분석했습니다. 무상과 교환의 관계는 어떤 것인가요? 이는 말하자면, 내가 무엇이든 무상으로 모든 사람에게 제공하는 것을 본 당신이 그 행위에 동의하여 같은 행위를 하는 것입니다. 다시 말해 완전히 자발적인 행위입니다. 이와 같은 인간성에 바탕을 둔 신뢰 관계가 성립할까요? 물론 가능하다고 생각합니다. 일면식도 없는 사람이라도 이야기를 몇 번 나누다 보면 점점 더 마음을 터놓게 되는 것은 매우 자연스러운 일이지요.

교환양식X의 핵심은 모두 함께 공유하는 과정에서 온갖 사람과 상호 신뢰 관계를 쌓아 나가는 것입니다. 일반적으로는 먼저 상호 신뢰를 확보한 후에 공유하는 것이 순서이기 때문에 벡터(Vector)[28]가 정반대입니다. 예를 들어 백과사전 제작은 먼저 편집을 해서 출판하는 것이 순서이지만 위키피디아(Wikipedia)는 내용을 먼저 공개하고 그 내용에 의견이 있는 사람이 나중에 추가나 수정 등의 편집을 더해 나가는 형식입니다. 지금까지의 방식과는 벡터가 역전된 셈입니다.

이 벡터의 역전을 어떻게 볼 수 있을까요? 교환양식X의 관점에

---

28   * 크기와 방향을 가지고 있는 양으로써 두 가지 정보를 모두 표현할 수 있는 화살표로 나타낸다.

서 분석하면 그것도 하나의 방식이 됩니다. 위키피디아는 '이렇게 하면 좀 더 낫다'거나 '어떻게 하면 더 응용할 수 있다'는 식으로 말하지 않습니다. 그러한 표현 방식은 너무나도 당연한 이야기이기 때문입니다.

가라타니 고진이 지금까지의 사회에 대해 말하는 것은, 시장에는 일반적으로 자유라는 가치가 필요하다는 것이었습니다. 다만 근대 자본주의 사회에서는 자유의 이념과 평등의 이념이 양립하지 않으며 가족과 같은 자유·평등·우애의 가치에 대해 아직 이름이 붙여져 있지 않습니다. 그렇기 때문에 'X'인 것입니다. X는 자유·평등·우애를 보완하는 것일지도 모르지만, 그렇다고 해서 자유·평등·우애의 중요성을 부정하는 것은 아니며 새로운 가능성이라고 말하는 겁니다.

그가 사용하는 철학적 언어는 제가 세계를 이해하기 위해 가장 빈번히 사용하는 언어이기도 합니다. 그가 인용한 칸트나 마르크스와 같은 철학자들의 서적을 저도 젊은 시절에 거의 읽었고, 그가 자주 논하는 후기 프로이트에도 강한 흥미를 가지고 있습니다. 그가 사용하는 개념은 저에게는 매우 친근한 것이어서 모국어처럼 느껴질 정도입니다.

저는 《래디컬 마켓: 공정한 사회를 위한 근본적 개혁》의 저자인 글렌 웨일(Glen Weyl)과 함께 뉴욕에서 래디컬x체인지(RadicalxChange) 재단을 설립했습니다. 글렌 웨일의 사상도 가라타니 고진과 동일선상에 있다고 할 수 있습니다. 본래 경제학자였던 글렌 웨일은 경제학이란, 기존의 자원을 어떻게 분배할지가 아니라 사람들이 협력하여 보다 많은 가치를 창출하려면 어떻게 하면 될지를 연구하는 분야라고 말했습니다. 가라타니 고진과 같은 관점입니다.

자원에 한계가 있다고 생각하면 그것을 서로 차지하려 하고 누군가는 더 많이 가지고 누군가는 더 적게 가지는 문제밖에 되지 않습니다. 그래서 글렌 웨일은 사람들이 협력을 통해 보다 많은 가치를 창출하는 방법을 모색하고 있습니다. 가라타니 고진의 교환양식X는 필요한 때는 보다 많은 가치를 창출할 수 있다는 의미에서 글렌 웨일과 같은 주장이라고 볼 수 있습니다.

여기서 설명한 내용도 넓은 의미에서는 디지털과 관련된 것입니다. 저는 가라타니 고진의 교환양식X가 디지털을 통해 실현될 수 있다고 생각합니다. 래디컬x체인지 등의 아이디어는 어쩌면 이더리움과 같은 블록체인 커뮤니티에서 처음으로 사용되겠지요.

디지털을 통해서 교환양식X가 구현된다는 것을 알 수 있다면 그것을 현실의 정치에 응용할 수 있을지도 모릅니다. 이것이 실현된다면 자원을 둘러싼 다툼도 사라질 가능성이 있습니다. 그 앞날에는 공공의 이익을 핵심으로 하여 자본주의에 얽매이지 않는 새로운 민주주의가 탄생할지도 모릅니다. 그래서 저는 디지털 공간이란 그와 같은 미래의 모든 가능성을 고려하기 위한 실험 장소라고 생각합니다.

3장

디지털 민주주의:
국가와 국민이 쌍방향으로
논의할 수 있는 환경을
마련하다

인터넷이라는 플랫폼을 사용함으로써 하나의 주장과 문제에 대해

누구나 이야기를 나눌 수 있게 되었습니다. 각자의 이념과 주장,

정치 지향성을 떠나 모두가 자유롭게 이야기할 수 있는 것입니다.

같은 가치관을 가지고 목표하는 방향에 대한 공통 인식이 있다면

함께 이야기함으로써 사회를 전진시킬 수 있습니다. 이런 의미에

서 인터넷은 간접민주주의의 약점을 극복하기 위한 중요한 도구가

될 수 있겠지요. 그곳에서 저는 디지털 민주주의가 가진 미래의

가능성을 엿봅니다.

처음으로 정치와 관계를 맺게 해준
해바라기 학생운동

제가 처음 정치의식에 눈을 뜬 때는 열한 살 즈음이었습니다. 아버지께서 정치학을 공부하기 위해 독일에 가게 되어, 저도 아버지를 따라 1년 동안 독일에서 생활할 때였습니다.

당시 아버지는 중국의 민주화 운동과 관련된 사람들을 연구 대상으로 삼고 있었습니다. 독일에는 1989년 천안문 사태 이후 중국에서 건너온 망명자들이 많이 살고 있었습니다. 그들은 돌아갈 곳이 없는 사람들이었습니다. 그럼에도 유럽에서 학업을 계속하고 있었던 것입니다. 갓 스무 살을 넘긴 정도의 젊은 사람들이 많았습니다.

천안문 사태 당시, 저는 겨우 초등학생이었기 때문에 TV를 통해 뉴스를 접하기만 했습니다. 하지만 학생들의 항의와 데모가 돌연 무력에 의해 탄압되는 것을 보고 평화적인 시위를 탱크로 억압해서는 안 된다는 생각이 들었습니다. 어쩌면 전 세계 대부분의 사람들이 같은 생각을 하지 않았을까요?

독일에서 아버지는 망명자들을 집으로 불러 자주 이야기를 나누었습니다. 아직 중학생이었던 저는 관찰자와 같은 입장에서 거실에서 벌어지는 논의를 듣곤 했습니다. 다양한 정치 과제, 상이한 민주제도, 그리고 최종적으로는 '중국인은 민주주의를 이룰 수 있을 것인가' 등이 자주 논의되던 주제였습니다. 제 스스로 적절한 논점을 제시할 수는 없었지만, 참가자들이 다각도로 열심히 논의하던 모습이 인상 깊게 남아 있습니다.

아버지와 망명자 친구들이 논의하던 시기는 대만에서 들백합 학생운동(1990년 대만의 민주화를 요구하며 벌어진 학생운동. 별칭 '3월 학생운동'.)이 일어난 즈음으로 이때부터 대만 사람들은 민주주의를 인식하기 시작했던 것 같습니다. 어떻게 하면 우리의 대만은 민주주의를 실현할 수 있을지를 생각하기 시작한 겁니다.

대만에서는 국민당에 의한 독재 정치가 길게 이어졌습니다. 계엄령이 내려지고 언론이 탄압되어 민주화로 가는 길이 전혀 보이지 않았습니다. 그러나, 1987년에 계엄령이 해제되고 다음 해 리덩후이가 총통으로 취임하자 다양한 형태로 민주화의 싹이 트기 시작했습니다.

그 당시 대통령제로 할 것인가, 반대통령[29]제 로 할 것인가, 혹은 내각제로 할 것인가에 대한 논의가 있었습니다. 이는 민주주의를 보다 원활하게 작동시키기 위한 시스템 구축에 대한 논의였지만, 제게는 마치 프로그램을 작성하는 것처럼 여겨졌습니다. '이렇게 하면 좀 더 잘될 거야', '이렇게 하면 좀 더 효율적으로 설계할 수

---

29   * 분권형 대통령제, 이원집정부제라고도 한다. 대통령제와 의원내각제의 절충적인 정부 형태로 국민에 의해 각각 선출된 대통령과 의회가 정책 영역별로 통치하는 정부형태.

있어'라고 논의하는 듯한 인상을 받은 겁니다.

제가 정치에 직접적으로 관여하게 된 첫 계기는 서른세 살이 되기 직전인 2014년 3월에 일어난 '해바라기 학생운동'이었습니다. 당시 대만과 중국 간 서비스무역협정을 체결하려던 정부를 향해 학생들이 이의를 제기하고 의회와의 대화를 요구하며 입법원(우리나라의 국회에 해당)을 약 3주 동안 점거했습니다.

저는 독일에서 아버지와 망명자 친구들의 논의를 들었던 경험을 바탕으로 입법원을 점거한 젊은이들에게는 반드시 자신들의 주장이 있을 것이라고 확신했습니다. 이야기를 듣고 보니 학생들은 물론, 입법원 외부에서 그들을 지원하는 스무 개 이상의 민간단체에도 설득력 있는 각자의 주장이 있었습니다.

그래서 저는 학생들이 점거하고 있는 입법원 내의 모습을 g0v[30] 회원과 함께 인터넷으로 생중계하며 학생들의 운동을 지원했습니다. 우리는 실시간 영상으로 입법원 안팎을 연결하여 스무 개의 민간단체가 인권과 노무, 환경 문제 등을 논의할 수 있도록 했습니다. 그리고 3주 동안에 네 가지 요구 사항을 정리하여 입법원 의장에게 제안했습니다. 당시 의장은 네 가지 요구 사항이 합리적이라고 인정하고 모든 요구에 응해 주었습니다.

30　** gov-zero: 오픈 거버먼트를 추구하며 정부에 철저한 정보 공개와 투명화를 요구하는 대만의 민간단체

이때의 경험으로 대만인들은 데모가 압력이나 파괴 행위가 아닌 많은 사람에게 다양한 의견이 있음을 표현하는 행위라는 것을 깨달았고 이를 계기로 민관 사이에 대화의 기회가 늘었습니다. 정치는 국민이 참여하기 때문에 비로소 앞으로 나아갈 수 있다는 것을 모두가 실감하게 된 겁니다.

저는 어느 한쪽의 주장을 선택하는 것이 아니라, 각 주장들의 간극을 명확히 하여 논의를 활성화하고 거기서 공통의 가치를 찾아내는 것을 촉진하기로 했습니다. 바로 이것이 현재 제가 정치에 관여하는 자세 그 자체입니다.

그러한 사고방식의 출발점은 역시 어릴 적 독일에서의 경험입니다. 당시 20대인 망명자들과 이미 40대가 된 아버지는 저보다도 훨씬 많은 것을 알고 있었습니다. 그들은 저의 선생님이었다고 생각합니다. 실제로 제 입장에서는 그들에게 배우는 것이 굉장히 많았고, 그들의 다양한 의견과 논의를 나누는 태도 덕분에 내 생각이 무조건 옳다는 독단적인 태도를 지양하게 되었습니다.

돌이켜 생각해 보면 해바라기 학생운동에서 입법원을 점거한 일은 역사적인 선택이지 않았나 싶습니다. 해바라기 학생운동의 배경을 잠시 이야기하겠습니다. 당시, 중국산 칩을 대만의 메인 컴퓨터에 넣을지 말지가 문제가 되었습니다. 이 문제는 지엽적으로 보면 중국산 칩의 수입 관련 문제였지만, 좀 더 큰 범위에서 말하자면 대만의 서비스 무역을 전면적으로 중국에 개방할지 말지를 포

3장 디지털 민주주의 국가와 국민이 쌍방향으로 논의할 수 있는 환경을 마련하다

함한 문제였습니다. 그 심의가 불충분한 상태에서 의사(議事)가 진행되고 있었던 점이 정부에 대한 불신으로 이어졌던 겁니다.

만일 그때 입법원을 점거하는 일 없이 서비스무역협정이 체결되었다면 대만의 인터넷 환경은 중국의 협력으로 구축된 것이 되었겠지요. 그랬다면 미국이 지금처럼 대만에 대한 태도를 바꾸는 일은 없었으리라고 생각합니다. 미국 입장에서 대만은 대중화권의 일부에 지나지 않기 때문입니다. 그러나 지금 대만은, 미국과 중국 사이에서의 지정학적 역할과 국제사회 위상이 커지고 있습니다. 그때 사람들이 입법원을 점거했기 때문에 대만의 인프라에 중국을 들이지 않겠다는 명확한 의사 표시가 가능했습니다. 그것을 정치적 기초로 삼아 대만과 미국의 대화가 시작된 거라고 생각합니다.

그런 의미에서 2014년에 대만인이 내린 결단(해바라기 학생운동)은 매우 큰 전환점을 마련한 것이었습니다. 그해 말에 치러진 지방선거에서는 비민주주의적 발언을 한 후보자, 국민과 논의하지 않는 후보자, 민주주의를 표방하지 않는 후보자는 모두 낙선했습니다. 이후 선거에서도 모든 후보자는 민주주의를 표방하지 않으면 당선되지 않았습니다. 이러한 풍조의 탄생을 포함해, 해바라기 학생운동은 대만에 민주주의를 뿌리내리는 계기가 되었습니다.

나는 권력에 얽매이지 않는 보수적 아나키스트

해외 언론에서 저를 종종 '보수적 무정부주의자'로 표현합니다. 영어로 아나키스트(Anarchist)를 직역하여 '무정부주의자'라고 하는 것 같은데, 저는 무정부주의자가 아닙니다.

무정부주의와 아나키즘[31]은 다릅니다. 제가 생각하는 '아나키스트'는 결코 정부의 존재 자체를 반대하는 것이 아닙니다. 정부가 강압과 폭력이라는 방법으로 사람들을 명령에 따르게 하려는 구조에 반대하는 것, 즉 '권력에 얽매이지 않겠다'는 입장입니다.

아나키스트로서 저는 어떤 상황에서든 권력과 강압을 어떻게 평화적으로 전환시킬 수 있을지, 모두가 서로를 이해하는 새로운 이데올로기를 유지해 나가려면 어떻게 해야 할지에 관심을 가지고 있습니다. 물론 낡아빠진 권위주의와 강압적인 명령, 고압적 태도 따위에는 전혀 흥미가 없습니다.

예를 들어 기업이 강압적이거나 폭력적인 수단으로 직원을 억지로 명령에 따르게 한다면 아나키스트는 그 방식을 바꾸길 원할 것이고, 강박과 폭력적 수단으로 만들어진 계층에도 반대할 것입니다.

31　* 아나키즘(Anarchism): 지배하는 이가 없는 상태, 아나키(Anarchy)로 만들려는 정치철학적 사상

제게는 무정부를 운운하기보단 명령 같은 강제력이 없는 것이 중요합니다. 이러한 강제력을 수반한 주종 관계는 어디에나 존재할 수 있기 때문에 정부의 존재 유무와는 상관이 없습니다. 그렇기 때문에 아나키스트를 '무정부주의자'로 바꿔 말하는 것은 본래의 의미를 축소시키는 것이 되어 버린다고 생각합니다.

한편 제 입장에선 '보수적'이라는 말이 '보수(保守)'보다 중국어의 '지수(持守)'에 가깝다고 생각합니다. '지수'에는 '자신의 의지를 견지하다, 관철하다'라는 의미가 있습니다. 예를 들어 채식주의자가 되겠다고 선언한 사람이 산해진미를 눈앞에 두고도 거들떠보지도 않는다면 그 사람은 자신의 뜻을 관철한 것이 됩니다. 또 수행자라면 계율을 지키고 하지 말아야 할 것은 의지를 다해 끝까지 하지 않는 것이 '지수'입니다. 저도 그러한 '지수'의 태도를 소중히 여기고 있습니다.

대만에는 다양한 문화가 있는데, 진보의 여파로 문화 자체가 파괴되는 경우가 종종 있었습니다. 제가 어렸을 때 많은 사람이 뤄다유(羅大佑)라는 가수의 히트곡 <루강샤오전(鹿港小鎭)>(루강의 작은 마을)을 즐겨 들었습니다. 이 노래 가사에 '그들은 고향의 붉은 벽돌을 파내어 콘크리트 벽을 쌓았다고 한다'라는 구절이 있습니다. 여기서 콘크리트 벽은 경제의 진보와 번영을 의미합니다. 즉 고향 사람들이 원하던 진보와 번영을 손에 넣은 대신 자신들의 문화를 잃어버렸음을 상징적으로 나타낸 것입니다. 이것은 '지수'라고 할 수 없습니다. 그들이 보유하고 있는 전통문화를 지키지 못했기 때문입니다.

제가 생각하는 '지수'는 다양한 문화가 한두 세대 전부터 다음 세대와 그다음 세대까지 끊기지 않고 계승되는 것입니다. 진보라는 이유로 문화를 파괴하지 않고 보수(Conservatism)라는 말의 본래 의미대로 '전통문화를 지키는 것'입니다.

오늘 아침 저는 업무 중에 노래를 흥얼거렸습니다. 바로 뤄다유의 <루강샤오전>이었습니다. 오늘은 가사를 조금 바꿔서 불러보았습니다. 왜냐하면 제 사무실이 있는 사회창신실험센터에서 가사의 상황과는 정반대의 일을 전개하고 있기 때문입니다. 콘크리트 벽을 허물고 대신에 벽돌로 울타리를 둘러서 공원을 만들고 있는 것입니다. 이것은 개발에 따른 파괴가 아닙니다. 오히려 어떻게 문화를 지켜낼지를 이해하고 있다는 증거입니다.

'보수'라는 말에는 여러 해석이 있습니다. 견지할 만한 무언가를 지키는 것이라고 해석한다면 저를 보수파라고 부르는 것이 옳습니다. 하지만 보수는 때로 공격적인 의미를 가집니다. 그런 의미에서 다른 사람이 새로운 일을 시도하는 것을 인정하지 않는 것으로 해석한다면 저는 보수파가 아닙니다.

제가 '지수'라는 말을 사용하는 것은 지수에는 공격적인 의미가 포함되지 않기 때문입니다. 예를 들어 채식주의자는 고기를 먹는 사람을 보더라도 인정할 수 없다고 생각하지 않습니다. 또 '나는 계율을 지키고 있으니 나처럼 모두 고기를 먹어서는 안 된다'고 강압적으로 명령하지도 않습니다.

소위 보수파 중에는 보수란 자신의 의식이 어떤 것인지를 말하는 것이지, 타인이 이렇고 저렇고의 얘기가 아니라고 말하는 사람도 있습니다. 하지만 그렇지 않습니다. 그것은 다원주의이지 제가 말하는 '지수'와는 의미가 다릅니다.

저는 지키고 싶은 전통문화에 대해 확고한 의식을 가지고 있습니다. 그리고 그것을 지키기 위해 많은 사람을 끌어들여 어떻게든 실현하고자 행동하고 있습니다. '내가 지키면 된다. 남들이 어떻든 알바 없다'는 방관자적인 태도를 가지는 것이 아닙니다.

사상 첫 여성 총통이 된 차이잉원과
대만 정치의 선진성

들백합 학생운동에서 시작되어 해바라기 학생운동으로 진전된 대만의 민주화 물결은 멈추지 않았습니다. 이러한 운동이 만들어 낸하나의 성과가 2016년 1월 16일에 실시된 총통 선거 결과입니다. 이 선거에서 민주진보당(민진당)의 차이잉원이 압도적인 득표 수로대만 사상 첫 여성 총통으로 당선되었습니다.

같은 해 5월 20일, 차이잉원이 총통으로 취임하여 정권이 발족되었습니다. 차이 총통의 탄생은 동아시아 전체, 나아가 아시아 전체에서도 큰 사건이었습니다. 전통적으로 동아시아의 여성이 정부의 수장이 되려면 부친이나 배우자가 총리 혹은 대통령인 경우와 같이, 정치 집안 출신일 것이 조건이 되어 왔습니다. 지금도 비슷한 상황이겠지요. 하지만 차이 총통의 집안은 그렇지 않습니다. 그녀는 자신의 능력으로 민진당 주석을 맡았고, 마침내 총통으로 당선되었습니다. 그런 점에서 그녀의 당선은 획기적인 사건인 동시에 대만 사회의 선진성을 세계에 알리는 기회가 되었다고 생각합니다.

현재 대만의 정치를 선진적이라고 할 수 있는 두 가지 이유가 있습니다. 하나는 1996년에 처음으로 총통 직접 선거가 실시된 점입니다. 당시 이미 인터넷이 있었기 때문에 사람들이 상상하는 민주주의는 상당히 다원적인 것이 되어 있었습니다. 즉, 민주주의에는 정형화된 운용 방식은 존재하지 않으며 하나의 기술에 불과하다고 모두가 생각하게 된 겁니다.

단순히 기술이라면, 사용하기 불편할 경우 언제나 보다 나은 것을 찾아 업그레이드하면 됩니다. 실제로 대만의 헌법(중화민국 헌법)은 상황의 변화에 대응하여 지금까지 여러 번 개정되었습니다. 이것도 기술은 업그레이드해야 한다는 사고방식이 뿌리내리고 있다는 점을 증명한다고 생각합니다.

애초 대만의 헌법은, 국민당 독재 시대에 대만과는 비교가 되지 않을 정도로 광대한 중국 대륙의 통치를 의식하고 제정된 것이었습니다. 그런 이유로 대만의 상황이 변화함에 따라 몇 번이고 개정될 수밖에 없었던 것도 사실입니다. 그러나 한편으로 대만 사람들은 '헌법은 절대로 이래야 한다'는 의식에 얽매여 있지 않았습니다. 이는 매우 중요한 점이라고 생각합니다.

대만 정치가 선진적인 두 번째 이유는 대만의 헌법에 정치에 직접 참여하는 정신이 강조되어 있다는 점입니다. 이 '직접 공민권'이라는 개념은 원래 쑨원(孫文, 중화민국 창시자)이 제창한 이념에 포함되어 있는데, 헌법이 계속 개정되는 와중에도 이 개념은 견고히 유지되고 있습니다. 반면에, 개정 헌법에서도 대의제는 거의 논의되지 않고 있습니다.

대만의 헌법은 스위스를 참고로 한 것이므로, 결코 순수한 공화대의제는 아닙니다. 그렇기 때문에 이른바 '소환권' 등이 포함되어 있는 삼민주의(민족주의, 민권주의, 민생주의)도 헌법을 기초했을 당시 이미 상당히 진전되어 있었습니다. 이 '정치에의 직접 참여'와 '끊임없는 업그레이드'라는 두 가지 인식이 합쳐져 대만의 유연하고 생기 넘치는 사회와 정치체제가 형성되고 있다고 생각합니다.

제2차 세계대전 전, 일본 통치하에 있던 대만에는 자신들의 의회를 조직하고 교육제도를 정비하여 참정권을 요구하는 투쟁을 벌인 대만인들이 많았습니다. 자신들의 의견과 이념은 스스로 결정하고 싶다고 바란 적이 몇 번이고 있었습니다. 그 길에는 전쟁이 있었고, 백색테러(제2차 세계대전 후 국민당 정권에 의한 언론 탄압)로 많은 사람이 탄압을 받았습니다.

　이런 탄압으로 인해 정치 참여에 대한 대만인의 의식이 고취되었는지 어떤지를 고찰하는 일은 역사학자의 일이며, 제가 단언할 수는 없습니다. 하지만 그런 역사가 존재했기 때문에 현재 대만의 정치가 있음은 명백한 사실이겠지요.

자신이 무엇을 하고 싶은지가 아니라
사람들이 무엇을 원하는지 생각한다

대만이 가진 유연함의 상징은 리덩후이 총통 시대의 민주화였다고 생각합니다. 리덩후이는 그야말로 큰 역할을 해냈습니다. 당시 계엄령 선포 중에도, 그리고 계엄령 해제 후에도 정부가 국민을 대신해서 사안을 결정하는 방식은 변하지 않았지만, 리덩후이는 대만인들이 무엇을 원하는지 끊임없이 고민했다고 생각합니다. 결코 자신이 무엇을 하고 싶은지가 아니었습니다.

　그런 태도를 지녔기에 민간에서 민주화를 요구하는 목소리를 낸 사람들도 어쩌면 천안문 사태처럼 무력으로 진압될 것이라는 불안감은 품지 않았을 것으로 생각됩니다. 리덩후이 씨가 총통으로 취임한 1990년에는 중정기념당(타이베이시 중심부에 있는 장제스(蔣介石) 전 총통을 기리는 시설)에 많은 대학생이 모여 농성을 벌인 들백합 학생운동이 일어났습니다. 학생들은 국민대회(당시 입법원과는 별도로 존재한 민의대표기관. 현재는 폐지)를 개혁하자고 주장했는데, 알고 보니 리덩후이도 이들과 같은 생각을 가지고 있었습니다. "나는 너희보다 나이도 많고 다양한 경험을 해 왔으니 내 말을 들어야 한다"라는 식의 고압적 태도가 절대 아니었습니다.

리덩후이는 학생들과 평등한 입장에서 대화했기 때문에 아마도 농성을 하던 학생들은 자신들이 민주화 과정에 참여하고 있다는 성취감을 느꼈을 겁니다. 사태가 그렇게 빨리 개선된 것은 아니었지만 학생들은 적어도 자신의 참여로 조금씩 변화가 일어나기 시작했다는 것을 실감했으리라 생각합니다.

들백합 학생운동에 참여한 젊은이들 중에 이후 정계에 입문한 사람들이 다수 있습니다. 들백합 학생운동에서 2014년의 해바라기 학생운동까지, 각 시대의 젊은이들은 불공평하다고 느끼면 들고일어나 사회에 참여함으로써 변혁을 이루어 냈다는 성취감을 얻어 왔습니다. 이 또한 대만의 젊은이들이 유연함을 갖추는 계기가 되었을 것입니다.

'For the people'에서 'With the people'로

저는 리덩후이와 딱 한 번 만난 적이 있습니다. 1995년에 열린 전국중학생과학기술전의 시상식 자리였습니다. 당시 숙부가 제게 "총통이 시상식에 오면 직접 선거를 할 것인지, 언제 하는지 물어볼래?"라고 말했던 것을 기억하고 있습니다. 그때까지는 대만 사람들이 직접 투표를 통해 수장을 뽑을 기회는 시장이나 지사 선거 정도밖에 없었습니다. 그래서 총통 직접 선거가 예정대로 실현될지, 어떻게 실시될지 누구나 궁금해하고 있었던 겁니다.

실제로 그 다음 해인 1996년에 최초로 대만에서 총통 직접 선거가 실시되었습니다. 그리고 리덩후이가 당선되어 그때부터 오늘날까지 대만 민주화 신화의 주역으로 일컬어지게 되었습니다. 이런 점에서도 대만 사람들이 리덩후이에게 매우 큰 기대를 걸고 있었음을 알 수 있습니다.

실은 제 아버지가 그 총통 선거에서 리덩후이의 라이벌이었던 천뤼안(陳履安)(당시 감찰원장)의 대변인이었습니다. 그러므로 저는 천뤼안의 입장에서 리덩후이를 바라본 것이 됩니다. 천뤼안이 생각하는 리덩후이라는 사람은 사회의 모든 힘―경제의 힘, 국제관계상의 힘, 민주주의 제도의 힘, 그리고 각기 다른 세대의 힘―을 한데 모아 융합하고, 보다 커다란 힘으로 바꾸는 능력을 가진 인물이었습니다.

한편 천뤼안의 당시 주장은 사회의 안정된 힘, 예를 들어 대만에서 1999년에 일어난 921대지진(타이완 대지진) 이후 많은 지역사회가 재건되는 원천이 된 신앙의 힘이나, 1996년 첫 총통 직접 선거 직전, 한껏 들뜬 사회적 상황과 과거를 뒤돌아보지 말고 미래를 바라보며 성장해 나가자는 분위기를 이용하면서 대만을 건설해 나가자는 것이었습니다.

결과적으로 총통 직접 선거에서 승리한 리덩후이는 대만인 안에 존재하는 자유와 민주화를 원하는 염원을 뒷받침으로 삼았습니다. 그전까지 'For the people'을 기치로 내걸고 대만의 발전을 추구해 왔던 리덩후이 씨는 선거 후 'With the people'로 기치를 바꿨습니다. 어떤 의미에서는 방침을 전환한 셈입니다.

'With the people'이란 먼저 사람들이 무엇을 원하는지 듣고 그것을 마음에 새기는 것입니다. 리덩후이 자신도 독재 체제 당시에 어울리는 사고방식에서 총통 직접 선거 시대의 사고방식으로 전환하는 바로 그 과정에 있었습니다. 그래서 사람들이 무엇을 생각하고 있는지, 무엇을 소중히 여기는지를 보다 중시하는 방향으로 생각을 바꾸게 된 것입니다.

현재 대만의 거의 모든 정당은 리덩후이의 업적을 긍정하든 부정하든 관계없이, 그가 '민주화'와 '국제화'라는 두 가지 측면에서 대만을 정신적으로 지탱했다는 점만은 부정하지 못합니다. 이는 매우 대단한 공적이라고 생각합니다.

대만의 국제공헌과 '신대만인'의 기초를 다진 리덩후이

아버지가 가지고 있던 리덩후이에 대한 견해도 1996년 총통 직접 선거를 전후로 바뀌었습니다. 1996년 이전에 가진 인상은 앞에서도 이야기한 대로였지만, 아버지가 총통 선거에서 천뤼안을 지원했던 이유는 상부상조나 협력과 같은 민간이 가진 안정된 힘을 정치의 힘으로 삼고자 했기 때문입니다. 그러나 총통 직접 선거 이후, 특히 1999년의 921 대지진 이후, 리덩후이는 상당히 긴 시간을 들여 사회가 가진 힘을 대만 사회뿐만 아니라 국제적 지명도를 자랑하는 '대만 민간의 힘'으로 바꾸어 냈습니다.

서문에서 말했듯이 지금 대만 정부는 코로나 사태로 시름하는 세계를 향해 'Taiwan Can Help'라는 메시지를 보내고 있습니다. 다시 말해, 대만은 WHO에 가입되어 있지 않지만 다른 나라를 도울 수 있다고 표명하고 있는 것입니다.

리덩후이는 미국 유학 시절의 모교인 코넬대학에서 열린 강연에서 "대만의 건설과 발전은 결코 경제적인 측면만을 목적으로 하는 것이 아니라, 국제사회에 공헌하고자 하기에 계속되는 것"이라고 이야기했습니다. 'Taiwan Can Help'라는 메시지에도 대만이 코로나19와 관련하여 해결할 수 있었던 문제를 국제사회와 공유하고 싶다는 생각이 담겨 있습니다. 'Taiwan Can Help'의 기반은 자신

들의 문제가 해결되었으면 이제 다른 사람을 도와주자는 '상부상
조'의 정신입니다. 리덩후이의 '대만은 국제사회에 공헌할 것'이라
는 발언도 마찬가지입니다. 이러한 생각에 대해서는 아버지도 적극
찬성하는 입장이었습니다.

리덩후이는 만년에 공직을 떠나 정치나 정당과는 전혀 관련이
없는 몸이 되었습니다. 그럼에도 정신적 지주, 혹은 철학적인 지도
자로서의 역할을 맡고 있습니다. 이에 그의 정당은 물론 리덩후이
와 본래 관련이 없는 당에서도 그의 이념을 정당 운영의 지표 중
하나로 삼기도 했습니다.

이러한 상황은 보다 장기적인 영향을 줄 것으로 생각합니다. 예
를 들어 총통을 경험한 사람은 자신이 임기 중에 무엇을 했는지,
어떤 공헌을 했는지, 자신의 일이 사회와 환경에 얼마나 큰 영향을
주었는지 이야기합니다. 이런 관점에서 리덩후이의 공적을 생각해
보면 바로 '신대만인'이라는 개념입니다. 이는 앞으로 몇 세대에 걸
쳐서 계승될 것입니다.

'신대만인'의 '신(新)'은 민족(Ethnic Group)을 초월해 융합을 지향
한다는 의미이므로 어느 시대에 있더라도 언제나 '새로움'으로 존
재합니다. 리덩후이 시대에는 주로 동남아시아에서 대만으로 돈을
벌러 온 여성들을 가리키는 '신주민'이라는 개념이 없었습니다. 결
혼 등으로 다른 나라에 이민을 간다는 개념을 가진 나라는 그다지
많지 않았을 거라고 생각합니다.

그러나 지금은 전 세계에서 비자를 취득하여 대만에 오는 사람들이 증가하고 있습니다. 취업 골드카드 제도가 있기 때문입니다. 이 제도는 대만 정부가 실시하는 비자 우대조치로 특정 전문기술을 가진 외국인에게는 비자를 우대하여 발급하는 제도입니다. 골드카드를 취득하면 3년 동안 대만에서 거주할 수 있습니다. 또 골드카드를 취득한 사람은 고용주를 찾지 않아도 됩니다. 자영업을 해도 되고 외국계 기업에서 일할 수도 있는 매우 자유로운 제도입니다. 그리고 자신의 국적을 포기하지 않고 대만 국적을 취득할 수 있는 제도도 마련되어 있습니다.

이러한 제도가 확충되면서 '신대만인'이라는 개념은 점점 더 확대될 것입니다. 당시의 리덩후이는 여기까지 생각하진 못했겠지만 현재는 다양한 의미를 포함하게 되었습니다. 그 초석을 다졌다는 점에서도 리덩후이의 공적은 대단히 크다고 할 수 있습니다.

처음으로 참여한 선거에서 실감한 한 표의 무게

저는 스무 살에 이장(대만의 최소 행정 단위) 선거에서 처음으로 투표를 경험했습니다. 그날 호적 주소지인 '무자(木柵)'로 투표를 하러 돌아가는 바람에 예정되어 있던 일에는 가지 못했습니다. 그런데 결과가 놀라웠습니다. 투표가 끝나고 개표를 하자, 제가 투표한 후보가 단 한 표의 차이로 당선된 겁니다. 이런 일이 일어나다니 믿을 수가 없었습니다. 정말로 한 표 차이였습니다. 만일 제가 투표하지 않았다면 대만의 법률에 따라 당선자를 추첨으로 정했을 터입니다.

그때의 경험으로 저는 선거에 참여하는 소중함을 다시금 실감했습니다. 대만의 젊은이들은 장차 총통 선거에 한 표를 던지게 되겠지만 처음에는 이장 선거나 다른 선거에서 투표의 의미를 느껴 보는 것도 매우 바람직한 일이라고 생각합니다. 대학에 가면 학생회 대표를 뽑기도 하겠지요. 좀 더 어린 세대라면 고등학교나 중학교에서 학생회 임원을 뽑는 행동을 통해 투표라는 행위가 습관이 되었으면 합니다. 이것은 대만의 젊은이들에게만 국한되는 이야기가 아닙니다. 민주주의 제도 하에 사는 다른 나라의 젊은이들도 적극적으로 선거에 참여하기를 바랍니다.

뽑고 싶은 후보가 없는 경우도 있을 수 있습니다. 그렇다고 해서 기존 정치를 바꾸는 일이 어렵다고 생각해서는 안 됩니다. 예를 들어 단순히 창업을 하더라도, 그로써 직간접적으로 어떤 공익에 기여할 수 있습니다. 그런 면에서 '창업하고 싶다'고 말하는 것은 '사회를 바꾸고 싶다'고 말하는 것과 같은 것입니다. 정치에 참여하여 보다 나은 사회로 바꿔 나가자는 의식은 정계도, 국민도, 모두가 함께 강화해 나가야 한다고 생각합니다.

디지털 담당 정무위원
취임 제안을 수락한 이유

제 정치 참여 의식은 이렇게 키워졌지만 제가 정치적인 일에 처음 관여한 때는 열다섯 살 즈음이었습니다. 인터넷에 이용되는 기술의 표준을 책정하는 IETF(인터넷기술 특별조사위원회)라는 조직에서 인터넷상의 규제를 만드는 일에 참여하기도 하고 웹 기술의 표준화를 진행하는 비영리단체 W3C(World Wide Web Consortium)에서 통신 규칙을 마련하기도 하며 인터넷 세계의 규칙을 만드는 일에 관여했습니다. 인터넷에는 국경이 없어서 국가의 개념은 존재하지 않지만 제가 한 업무는 모두 정치와 다름이 없는 것이었습니다. 저는 현재 디지털 담당 정무위원의 일도 이와 비슷하다고 받아들이고 있습니다. 그래서 정무위원 자리를 제안받았을 때도 별로 망설이지 않았습니다.

한 가지 뒷이야기를 하자면 차이 총통의 민진당 정권이 출범하기 전, 정부에서 제게 신설되는 디지털 정무위원 자리의 후보자를 추천해 달라고 의뢰한 적이 있었습니다. 하지만 좀처럼 적당한 인물을 찾지 못했고 결국 제게 취임 요청이 오게 되었습니다.

요청을 받았을 때 흥미롭다고 생각했습니다. 사회에는 다양한 입장이 있고 제가 목표로 하는 공익을 달성하기 위해서는 공통의 가치관을 찾아 나가야 합니다. 하지만 그런 일을 하는 사람은 지금까지 아무도 없었습니다. 이는 제가 본래 흥미를 가지고 있었던 분야였기 때문에 나라면 도움이 될 수 있지 않을까라고 생각했던 겁니다.

다만 선뜻 수락한 것은 아닙니다. 세 가지 조건을 제시했습니다. 첫 번째는 행정원에 국한되지 않고 다른 장소에서 일하는 것을 인정할 것, 두 번째는 출석하는 모든 회의, 행사, 미디어, 납세자와의 소통은 녹음이나 녹화를 통해 공개할 것, 세 번째는 누군가에게 명령을 하는 일도 받는 일도 없이 평등한 입장에서 조언할 것이었습니다. 이 세 가지 요구에 대해 당시 린취안(林全) 행정원장은 곧바로 '문제없다'고 답변했습니다. 그래서 저는 디지털 담당 정무위원직을 맡아, 서른다섯 살에 차이잉원 정권에 입각하게 되었습니다.

디지털 기술로
여러 부회에 걸친 문제를 해결하다

정치가로서 제 현재 직함은 행정원 디지털 담당 정무위원입니다. 정확하게 말하면 정무위원 중 한 사람이라고 하는 편이 낫겠네요. 행정원에는 32개의 부회가 있고 각각 수장이 있습니다. 그러나 부회 한 곳에서 해결할 수 없는 문제도 많습니다. 그럴 때는 부회 간의 상이한 가치를 조정하는 사람이 필요합니다. 그 일을 정무위원이 합니다. 즉 여러 부회를 횡적으로 보고 그 사이에 다리를 놓아 공통의 가치관을 찾아내는 것이 정무위원의 일입니다.

저는 정무위원의 한 사람으로서 디지털을 이용하여 문제를 공유하거나 중간 역할을 하는 일을 담당하고 있습니다. 다시 말해, '디지털부'나 '디지털청'과 같은 조직이 존재하고 제가 그 수장의 자리에 취임한 것이 아니라는 겁니다.

저는 2014년 12월, 당시 마잉주(馬英九) 정권의 정무위원이었던 차이유링(蔡玉玲) 씨와 함께 온라인으로 법안을 토론할 수 있는 'vTaiwan'이라는 플랫폼을 구축했습니다. 이후 행정원의 컨설턴트이자 디지털 담당 정무위원으로 취임한 2016년에는 'Join'이라는 참여형 플랫폼을 개설하였습니다. 이 Join의 현재 사용자 수는 1,000만 명을 넘었습니다.

사람들은 생활 속의 문제를 해결하기 위한 새로운 아이디어를 플랫폼에 제안할 수 있고 그 의견을 들은 사람은 즉시 자신의 의견을 전달할 수 있습니다. Join에서 지금까지 논의된 정부 프로젝트는 2,000 건 이상으로, 주요 분야는 의료 서비스, 공중위생 설비, 공영주택 건설 관련이었습니다.

이러한 과정을 통해 다양한 의견을 수렴하고 논의를 거듭함으로써 풀기 어려운 문제에서도 해결의 실마리를 찾을 수 있는 가능성이 있습니다. 이것이 디지털과 아날로그의 가장 큰 차이입니다. 특히 정치에서는 디지털 기술이 없으면 사람들에게 알릴 수는 있어도 문제 해결에 직접적으로 참여하기는 쉽지 않습니다.

디지털 민주주의의 근간은 정부와 국민이 쌍방향으로 논의할 수 있게 하는 것입니다. 저는 국민의 의견이 전달되기 어려운 간접민주주의의 약점을 인터넷 등의 힘을 빌려 누구나 정치에 참여하기 쉬운 환경으로 바꿔 나가려고 합니다.

이러한 디지털 기술은 사회의 이노베이션에 기여할 뿐만 아니라 정치적으로는 오픈 거버먼트(열린 정부)를 실현하는 기초가 될 것입니다. 아직 투표권조차 없는 젊은이들도, 사회와 정치가 안고 있는 다양한 문제의 해결법에 대해 좀 더 나은 아이디어를 가지고 있다고 생각합니다. 그러한 의견을 공유하고 논의하는 과정은 젊은이들의 정치 참여로도 이어질 것입니다. 디지털은 많은 사람이 함께 사회와 정치에 대해 생각하는 도구가 되는 겁니다.

디지털 담당 정무위원인 저의 역할 중 하나는 이처럼 사람들이 함께 이야기를 나눌 수 있는 공간을 온라인상에서 제공하는 것입니다. 다만 저는 정부를 위해서만 일하는 것도 아니고 특정 단체의 이익을 위해서 일하는 것도 아닙니다. 사람들이 이야기를 나눌 수 있도록 제가 설계한 플랫폼은 세계 곳곳의 정부가 사용하고 있습니다. 그런 의미에서 제 일은 세계를 연결하는 가교와 같은 역할이기도 합니다.

인터넷은 소수자의 목소리를 건져 올리는 중요한 도구

vTaiwan과 Join 플랫폼은 정책에 대한 여론을 모으는 데 쓰이고 있습니다. 국민은 이 플랫폼을 이용하여 자신이 생각한 실현 가능한 정책 아이디어를 제시할 수 있습니다. 이러한 과정에서 정부와 국민 사이의 경계선이 사라지고 양측이 열린 협력 관계를 구축할 수 있게 됩니다. 즉 정부와 국민이 공통의 목표를 가지는 파트너가 되는 겁니다.

이 플랫폼을 통해 실제로 국민의 의견이 정책으로 실현된 사례 하나를 소개하겠습니다. 대만에서는 2019년 7월에 플라스틱 빨대 사용을 전면적으로 금지했습니다. 이 정책의 계기는 'I love elephant and elephant loves me(나는 코끼리를 좋아하고 코끼리는 나를 좋아한다)'라는 닉네임을 사용하는 사용자가 vTaiwan에 플라스틱 접시와 빨대 사용의 단계적 금지를 요구하는 내용의 게시글을 올린 것이었습니다.

이 제안에는 청원에 필요한 5,000명의 서명이 곧바로 모였습니다. 그 결과 여러 기업이 종이나 사탕수수 등 재생 가능한 자원으로 빨대를 제조하겠다고 제안했고, 환보처(우리나라의 환경부에 해당)가 정책으로 법제화하기에 이르렀습니다. 지금은 플라스틱 빨대 대신 종이나 사탕수수로 만든 빨대의 사용이 점차 늘고 있습니다.

나중에 이 닉네임을 사용하는 제안자가 열여섯 살의 여고생이라는 사실이 밝혀져 세상을 놀라게 했습니다. 대만의 타피오카 펄 밀크티는 세계적으로 유명하지만 여고생은 그 밀크티 때문에 대량의 플라스틱 빨대가 사용되어 환경에 악영향을 준다고 우려했습니다. 그래서 플랫폼에 제안을 게시했던 겁니다. 아직 참정권이 없는 열여섯 살 여고생의 제안이 사회를 바꾼 것입니다.

작은 목소리라도 거기에 동의하는 사람이 모이면 정치가가 법률로 규준을 만들어 상의하달식으로 규제하지 않아도 사회의 변혁이 가능합니다. 오히려 상의하달식으로 정책을 결정하려고 하면 사회에 대립을 초래할 위험이 생깁니다.

저는 사람과 사람의 교류를 원활하게 하는 일에 흥미를 가지고 있습니다. 컴퓨터와 인터넷의 등장으로 사람과 사람 사이의 소통 방식은 크게 달라졌습니다. 제가 어릴 때는 라디오와 TV가 주된 미디어였는데, 그때 느꼈던 것은 '저런 미디어를 통해 자신의 의견을 전할 수 있는 사람은 극히 드물지 않을까?'하는 우려였습니다. 대부분의 사람은 그저 듣거나 보고만 있었습니다. 그런데 컴퓨터와 인터넷이 등장하면서 이제는 누구라도 자신이 하고 싶은 말을 전할 수 있게 되었습니다. 이것은 굉장한 민주적 혁명이라고 생각합니다.

그리고 독학을 하면서 깨달은 것은 무엇이든 독학할 수 있다는 점이었습니다. 인터넷에는 다양한 의견이 있고 그것을 통합하는 것이 제 학습 영역이 되었습니다. 저는 더 많은 시간을 이러한 공부에 할애하고 싶다고 느꼈고, 그 방법을 IT 교육에만 한정하지 않고 시도해 보고 싶다고 생각했습니다.

저는 보다 많은 문제를 서로 얼굴도 모르는 사람, 만난 적도 없는 사람들이 함께 해결해 나가는 문화에 눈을 뜬 것입니다. 이것이 vTaiwan과 Join 플랫폼에도 반영되어 있습니다. 이 플랫폼에서 많은 사람이 자신의 의견을 내고 함께 논의하는 과정이 대만의 민주화를 한층 더 전진시키는 길로 이어진다고 확신합니다.

보이지 않는 문제를 드러내고 해결하기 위해 창설한 PDIS와 PO

이와 같은 작은 목소리를 건져 올려 사회를 전진시켜 나가기 위해 창설한 것이 'PDIS(공공디지털혁신센터, Public Digital Innovation Space)'와 'PO(개방정부연락인, Participation Officer)'라는 두 개의 직무입니다. 어떠한 활동을 하고 있는지 간단하게 소개하겠습니다.

먼저 PDIS는 우리가 직면한 사회문제나 환경문제를 해결하기 위해 함께 힘을 합쳐 추진하는 '콜라보 회의(공동 작업 회의)'를 개최합니다. 이 회의는 벌써 70회 이상 실시되었습니다. 전통적인 민주주의에서 유권자는 문제 해결을 대표자(입법위원, 우리나라의 경우 국회의원)에게 맡깁니다. 이 유권자를 대신해서 의견을 말하는 사람들은 정치 전문가여야 하며, 자신의 생각을 확실히 가지고 있어야 합니다.

그러나 실제로 사회문제나 환경문제로 피해를 받은 사람들 중에는 입법위원과의 소통 방식을 모르는 사람도 많고, 그로 인해 입법위원이 유권자의 의견을 충분히 반영하지 못할 위험성도 있습니다. 또 입법위원의 의견과 유권자의 의견이 충돌하는 경우, 입법위원이 반드시 유권자의 의견을 수렴하여 논의한다고는 할 수 없다고 생각됩니다. 이것은 대의제 민주주의의 기본적인 문제점이라고 할 수 있겠지요.

PDIS는 이러한 문제점을 해결하기 위해 소수의 의견을 파악하여 입법위원도 알아차리지 못하는 문제를 다루거나, 직접 입법위원과 소통할 수 없는 사람들이라도 인터넷을 이용하여 관계를 만들 수 있는 플랫폼의 역할을 담당하고 있습니다.

구체적인 사례를 들어 보겠습니다. 2020년 6월에 '어떤 문제'를 콜라보 회의에서 다루기로 결정했습니다. 이 안건은 4월에 제기되었는데, 5월 말에 동의자(인터넷 서명자)가 5,000명을 돌파했습니다. 앞에서도 말했지만, 우리의 플랫폼에는 두 달 이내에 5,000명이 동의한 경우 반드시 정부가 정책에 반영한다는 규칙이 있습니다. 동의자가 5,000명에 도달하지 못하면 상관없지만, 5,000명이 넘으면 정부는 청원 내용을 정책에 반영해야 하는 의무가 생깁니다.

이 안건의 정식 명칭은 'G6PD 결핍증 환자의 용혈을 유발하는 발암물질 배합 합성방충제 이용 금지에 대한 제언'입니다. 방충제가 무엇인지는 많이들 알겠지만, 대부분의 사람이 G6PD 결핍증에 대해서는 모를 거라고 생각합니다. PDIS는 이런 경우에 효과적으로 기능합니다.

　G6PD 결핍증 환자는 인구로 말하자면 소수의 문제라서, 일반적으로는 우리 대부분이 G6PD 결핍증 환자가 아닐 뿐만 아니라 아는 사람 중에 환자가 있는 경우도 거의 없을 겁니다. 하지만 G6PD 결핍증 환자는 공기 중의 휘발성 합성방충제와 닿기만 해도 혈중 적혈구에 영향을 받아 생명에 지장을 주는 상태에 빠집니다. 합성방충제는 휘발성이 매우 높아서 공공 도서관이나 공중 화장실 등에서도 사용되고 있습니다. 보통 사람들에게는 방충제 냄새가 아주 미미하게 느껴질 정도로 신경이 쓰이지 않을지도 모르지만, 환자에게는 즉시 증상이 나타나 사망에 이르게 할 정도로 위험합니다.

　하지만 누군가 이 방충제를 금지하자는 제안을 국민 투표로 부치자고 해도 실제로 국민 투표가 실현될 가능성은 희박하다고 할 수 있습니다. G6PD 결핍증 환자나 그 지인, 친족의 표만으로는 이 문제를 논의할 필요성을 느낄 입법위원은 거의 없을 것이기 때문입니다. 만약 있다고 해도 이 안건에 관심을 가지는 입법위원이 과반수를 차지하는 일은 아마 없겠지요.

　그런데 PDIS 플랫폼에 이 문제를 제기함으로써, 사안의 중대성이 많은 사람과 공유되어 무려 5,000명이 넘는 동의자를 모을 수 있었습니다. 이에 따라 정부도 문제를 해결하기 위해 움직이기 시작했습니다.

우리는 안건에 동의 서명을 한 5,000명과 인터넷으로 회의를 진행했습니다. 우선, 사전에 왜 발기인이 이 안건에 대해 함께 이야기를 나누고 싶어 하는지 청취합니다. 방충제 안건의 경우에는 발기인이 '자신에게는 이용할 수 있는 사회 자원이 없고 입법위원 중에 아는 사람도 없어서 자신의 이야기를 인터넷에 올려 다른 사람에게 알리는 편이 어떤 방법보다 실현성이 높다고 생각했다'고 말했는데, 발기인의 발언 그대로 실현된 것입니다.

문제 해결의 다른 방법으로 행정원장에게 이메일이나 청원서를 보낼 수도 있습니다. 소모되는 비용도 그다지 다르지 않습니다. 다만 이 방법으로는 보다 널리 사회에 알릴 수 없겠지요. 행정원장의 메일함을 관리하는 사람 말고는 문제의 소재를 알 수 없으니까요.

이야기를 경청하여 공통의 가치관과
해결책을 이끌어내다

이상의 에피소드에서 알 수 있듯이 PDIS는 두 가지 성과를 달성하고 있습니다. 첫 번째는 피해를 입었는데 입법위원 중에 아는 사람이 없는 사람이나 아무런 연줄도 없는 사람에게 문제를 해결할 수 있는 자리에 있는 인물을 만나거나 소통할 접점을 만들어주는 것입니다.

두 번째는 발기인이 제언하는 생각을 보다 많은 사람에게 알릴 수 있습니다. 이를 통해 공공 부문과 사회 부문에 대한 발기인의 영향력을 확대하고 일정한 관심을 모을 수 있습니다. 적어도 동의 서명을 한 5,000명은 발기인의 이야기를 듣게 되니 말입니다.

또 그 5,000명 중에서 지원자를 모아 우리가 정리한 마인드 맵 (Mind Map, 키워드나 이미지를 중심에 놓고 사고의 과정을 정리한 것)을 보여주고, 사실과 감정을 나눠 실현 가능한 조언을 하면서 구체적인 구성을 함께 생각하고 보고서를 작성합니다. 완성된 보고서는 인터넷에 공개되어 누구나 볼 수 있습니다. 이 방식의 이점은 문제의 핵심이 어디에 있는지를 누구나 바로 알 수 있다는 점에 있습니다. 그리고 도식적 사고와 구조적 사고가 서툰 사람들을 위해 문제점을 파악할 수 있는 소책차도 만들고 있습니다.

이러한 방법을 통해 보다 많은 사람의 의견을 경청함으로써 관심과 시간이 있는 사람들이 모여 공통의 핵심적인 가치관을 가질 수 있게 됩니다. 이것은 앞서 소개한 사례의 일상에 잠재하는 위험을 줄이는 길로 이어집니다. 한번 공통의 가치관을 가지게 되면 누구나 다른 혁신적인 해결책을 제안할 수 있습니다. 이것이야말로 바로 민주주의의 묘미입니다. 가령 권력 집중 상태이거나 장관만 해결책을 제언할 수 있게 된 경우라도 모두가 다양한 해결책을 생각할 수 있습니다.

이 방충제 안건의 경우 우리는 오후 2시부터 6시까지 긴 시간에 걸쳐 지원자들에게 현황을 전달하고 소통하면서 서로를 이해하고, 그룹으로 나뉘어 해결 방법과 방법의 실현성을 도출해 나갔습니다. 이것이야말로 민주주의의 실천이 아닐 수 없습니다.

모두의 참여로 서로의 지혜를 모아 핵심적인 문제를 찾아낸 후 우리는 그 해결책을 플랫폼상의 동의자 5,000명에게 일제히 회신했습니다. 이른바 설명 책임입니다. 발기인이 시간이 별로 없거나 타이베이로 올 수 없는 경우에도 온라인 플랫폼을 통해 의견을 교환하고 정부기관에 답변을 요구할 수 있습니다. 이것이야말로 인클루전, 즉 모두를 받아들이는 '포용'이라는 하나의 가치입니다.

우리가 PDIS를 통해 추진하는 활동은 사안의 핵심에 다가가 함께 새로운 것을 만들어 해결 방법을 모색하기 위해서입니다. 우리는 이러한 모델로 민주주의를 움직이고 있습니다. 중요한 것은 경청의 실천입니다. 사람에게 있어 가장 바람직한 것은, 모두가 모두의 이야기를 듣고자 하는 민주주의이며, 곧 '경청의 민주주의'입니다. 이것을 저는 'Listening at Scale'이라고 부릅니다.

많은 사람으로부터 이야기를 들으면 들을수록 공통의 가치관과 해결책을 놓치게 될 위험성이 적어집니다. 반대로 귀를 기울이는 일을 소홀히 하면 사안의 방향을 틀릴 위험성이 커집니다. 그런 의미에서 경청은 실로 유익한 방법입니다. 특히 들으면 들을수록 가능성 있는 공통의 가치관과 해결책을 놓치지 않는다는 점은 현재 대의제 민주주의에 부족한 부분을 보완해 줄 수 있다고 생각합니다.

지금까지 PDIS를 통해 이루어진 75건의 회의 기록은 다음 사이트에서 열람할 수 있습니다. 관심 있는 분들은 꼭 살펴보길 바랍니다(http://po.pdis.tw).

PO는 전문성과 독립성을 가진 전문가 집단

PDIS(Public Digital Innovation Space)는 제 사무실에 있는데 왜 '오피스(Office)'가 아니라 '스페이스(Space)'라고 부르는지 설명하고자 합니다. '오피스'라고 하면 물리적인 장소로 한정될 거라고 생각했기 때문입니다. 하지만 '스페이스'라고 하면 물리적 공간뿐 아니라, 온라인 공간까지도 포함됩니다. 또 이 장소의 명칭을 '오드리 탕 정무위원 오피스'라고 하면 저 혼자만 문제를 담당하고 있는 것처럼 인식될 수 있습니다. PDIS는 행정원 산하의 부회를 횡단하는 조직입니다. 행정원 입장에서는 각 부회에 걸친 인간관계 연결망을 구축할 수 있는 공간이자 어느 부회의 공무원이라도 자주적으로 일할 수 있는 공간입니다.

그렇지만 여기서 일할 수 있는 인원은 제한되어 있습니다. 예를 들어 대만의 외교부에는 이곳에서 일하고 싶어 하는 사람이 수십 명이나 있다고 하는데, 모두 온다면 이곳은 외교부의 한 과가 되어 버립니다. 그렇게 되지 않도록 2016년 10월에 기본적인 방침을 정했습니다. 32개 부회에서 한 명씩만 이 스페이스에서 일할 수 있도록 한 것입니다. 즉 다음 사람이 오고 싶어 하면 전임자는 자신의 부회로 돌아가야 하는 것이 규칙입니다. 이 방침은 매우 원활하게 실시되었기 때문에 지금도 사무실에 있는 약 스무 명 중 절반 이상은 각 부회의 직원이며, 나머지는 경청에 능숙한 민간 전문가로 구성되어 있습니다. 이것이 PDIS라는 팀의 명세입니다.

이와는 달리 PO(Participation Officer, 개방정부연락인)는 행정원이 아닌 외교부나 재정부 등 각 부회, 혹은 각 부회 하부기관에 마련되어 있습니다. PO는 행정원 소속 각 기관과 독립기관에서 파견된 자들로 구성되며 정부의 활동을 국민에게 알리는 대변인의 역할을 담당하고 있습니다. 따라서 PO에게는 자신이 소속된 기관의 업무를 숙지하여 대외적으로 이해하기 쉬운 말로 설명할 수 있는 능력이 요구됩니다. 동시에 시민의 의견을 경청하여 내부에 전달하고 필요에 따라 회의를 열어야 합니다. 또 PO 사이에도 정례회의가 열려 각 기관을 연계하는 과제를 논의합니다.

그들의 주요 역할은 자신들의 부회에서 경청을 추진하는 것입니다. 그런 점에서 PO의 일은 PDIS와 비슷합니다. 수학에서 말하는 프랙털(Fractal) 도형처럼 모양은 닮았지만 규모는 비교적 작고 서로 연결되어 있는 듯한 관계입니다.

제가 PO에게 원하는 점은 투명하게 일하는 것뿐입니다. 저는 그들에게 명령하지 않고 그들도 저에게 명령할 수 없습니다. 그들의 공적과 업무 성과는 스스로 정하는 것이지 제가 정하는 것이 아닙니다. PO 사이에는 계급의 차이가 없으며 한 사람 한 사람이 다른 전문성을 가진 전문가로서 평등하게 대해집니다.

PDIS 내 공무원도 마찬가지입니다. 그들은 스스로 자신의 가치관을 지켜나가야 합니다. 여기에 속해 있다고 해서 저의 가치관에 물들어서는 의미가 없습니다. 그들에게는 스스로 생각하여 행동하고 공익의 실현을 위해 일하는 능력이 요구됩니다.

디지털 민주주의에 잠재된 위험성은
아날로그 시대부터 계속된 것이다

디지털 민주주의에는 작은 목소리에도 귀를 기울여 사회를 보다 나은 방향으로 변혁시키고 민주주의를 전진시킬 수 있는 이점이 있습니다. 물론 좋은 점만 있는 것이 아니라 단점도 있습니다. 단점은 크게 두 가지로 나눠집니다.

첫 번째는 '인클루전'과 관련된 것입니다. 국민 전체를 아우르는 인클루전을 달성하지 못하면 디지털 도구에 접근이 가능한 사람, 혹은 디지털 접속이 가능한 사람만 민주주의에 참여할 수 있게 될 우려가 있습니다. 그 이외의 사람은 자신이 배제된 상태에서 모든 것이 정해진 듯한 느낌을 받게 되겠지요. 이것은 큰 문제입니다.

다른 하나는 '설명 책임'과 관련되어 있습니다. 설명 책임이란 한 마디로 '책임자가 명쾌한 답을 제시한다'는 것입니다. 디지털 민주주의에서는 어느 정도의 연역법을 사용하여 문제의 답을 도출해 나갑니다. 하지만 그것으로 답을 찾을 수 없는 경우도 있습니다. 그럴 때는 국민의 의견을 듣고 AI에게 최선의 방법을 구하는 것이 가장 간단한 방법입니다. 다만 AI가 제시한 방법을 국민이 이해하지 못할 때는 어떻게 해야 할까요? 여기서 정부가 설명 책임을 다하지 않고 강제로 문제를 해결하려고 한다면 독재 국가나 다를 바가 없습니다.

살펴본 바와 같이 '인클루전이 충분히 실현되어 있는지' 그리고 '확실하게 설명 책임을 다하는 상태인지'가 디지털 민주주의의 가장 큰 과제입니다. 하지만 이런 문제가 있다고 해서 디지털 민주주의는 위험하다는 결론을 내리는 것은 성급하다고 생각합니다.

물론 미국의 도널드 트럼프 전 대통령처럼 트위터로 독단적인 의견을 표출하고 영향력을 발휘하려는 지도자도 있습니다. 이것을 보고 디지털 민주주의는 위험하다고 생각하는 사람도 적지 않을지 모릅니다. 그런데 생각해 보면 트럼프와 같은 인물은 예전부터 존재해 왔습니다. 예를 들어 라디오만 있던 시절에 선동이 주특기인 권력자가 라디오의 힘을 이용하여 한 나라를 군국주의의 길로 끌고 간 적도 있었습니다(대표적으로 아돌프 히틀러가 있습니다).

결국 이러한 위험성은 정보 발신 능력이 있으면 어느 시대에나, 어느 곳에서나 있을 수 있으며 인터넷 환경과 직접적인 관련은 없습니다. 예를 들어 TV에서 군사 행진을 대대적으로 방영하여 사람들이 지도자를 숭배하도록 촉진할 수도 있겠지요. 이것은 트위터도 필요 없고, 대기업이 TV 채널을 가지고만 있으면 실현할 수 있는 일입니다. 역사를 되돌아봐도 제2차 세계대전은 라디오와 TV에서 시작되었다고 해도 과언이 아닙니다.

제가 강조하고 싶은 점은 디지털 이전의 라디오, TV와 같은 아날로그 시대에도 민중이 선동될 위험성은 존재했다는 것입니다. 이것은 매스 커뮤니케이션(Mass Communication)에 줄곧 따라다니는 문제입니다. 정보 발신의 힘이 있는 한 이 문제는 사라지지 않습니다. 인터넷 환경을 어떻게 조정할 것인지는 별개입니다.

중국에는 4대 IT 기업인 바이두와 알리바바, 텐센트, 화웨이가 있습니다. 이 기업들은 독립된 기업처럼 보이지만 중국 공산당의 지배하에 있다는 점에서 동일한 구조를 가지고 있기 때문에 거기서 발생하는 문제는 특정 기업의 문제라고 할 수 없습니다.

요컨대 모든 사람의 의견을 한 명이 대변하여, '이 사람의 말이라면 어쩔 수 없지'라는 상황을 만드는 것이 위기를 초래하는 것입니다. 제 생각은 이와는 정반대입니다. 많은 사람의 의견을 한 사람의 의견으로 대체하는 것이 아니라 인터넷에서 모든 사람의 의견을 정리하는 과정에서 공통의 가치관을 형성하는 것을 목표로 하고 있습니다.

앞에서도 말했지만 저는 디지털을 통해 누군가의 생각을 바꿀 의도는 없습니다. 오래된 시스템이 아무리 나쁜 것이라도 그것을 부정하고 바꿀 생각은 없습니다. 단, 새롭기만 한 것이 아닌 괜찮은 시스템을 만들어 사람들을 사용하기 불편한 오래된 시스템으로부터 거리를 둘 수 있도록 일깨워주려는 것뿐입니다.

디지털 민주주의에 위험성이 있다는 점을 인정하고 민주주의의 전진을 위해 어떻게 디지털이 도움이 될 수 있을지를 고민하고 활용해 나가는 것이 중요하다고 생각합니다.

민주주의는 한 사람 한 사람의 공헌으로 전진해 나간다

현대를 사는 사람들은 통조림 안에 담긴 존재와 같습니다. 하지만 같은 통조림 안에 있어도 바라보는 세계는 각기 다릅니다. 시각이 다른 것은 당연합니다. 그러므로 독재주의는 무의미한 것입니다. 왜냐하면 독재주의에서는 누구에게 의견을 물어도 결국 한 가지 답변

밖에 돌아오지 않기 때문입니다. 본래는 있을 수 없는 일입니다.

반면에 민주주의에서는 다양한 의견이 존재하는 것이 전제됩니다. 그러나 단순히 형식적인 것에 불과하다면 큰 문제가 됩니다. 즉, 지도자(정부)가 하는 말을 국민 혹은 시민이 헤아려 '지도자가 A라고 하면 모두가 A'가 되는 상태처럼 말입니다. 이런 사회에서는 선거제도가 있어도 투표는 형식에 지나지 않습니다. 민주주의의 의미가 전혀 없겠지요.

각자가 세계를 바라보는 시각은 다른 것이 당연합니다. 그러므로 의견을 공유했을 때 '나는 모두와 다르다'거나 '내 생각은 소수 의견'이라고 비관하지 않아도 됩니다. 개개인의 사물을 바라보는 관점이 다르므로 당연히 누구나 각자의 의견을 가지고 있기 때문입니다.

그럼에도 자기 의견이 소수에 속하는 것이 신경이 쓰인다면, '나는 다른 사람이 생각하지 못하는 사물을 보는 관점을 가지고 있다'고 생각하세요. 이것이 당신의 개성입니다. 자신 있게 자기 의견을 개진해 나가면 되는 겁니다.

대만에서는 이러한 일들이 흔히 일어납니다. 차량이 불법주차되어 있거나 길이 함몰되어 울퉁불퉁한 경우, 설령 급하게 가던 중이라도 많은 사람이 멈춰 서서 사진을 찍어 관공서에 신고합니다. 자신과 직접적인 이해관계가 없는 일이라도 '이것은 정부의 일' 혹은 '이 장소를 관할하는 부서의 일'로 여기지 않고 자신의 문제로 받아들여 행동에 나섭니다. 길을 걷는 누구나 작지만 사회를 개선하는 일에 공헌하고 있는 겁니다.

이러한 기질을 대만에서는 '계파(鷄婆)'라고 합니다. 어미 닭처럼 참견하기 좋아하고 시끄럽다는 의미입니다. 나와는 직접적인 관련이 없어도 능동적으로 공헌하고 싶은 마음을 나타냅니다. 이러한 정신이 민주주의에서는 매우 중요한 요소 중 하나가 된다고 생각합니다.

쌍방향으로 실현된 인터넷 평등

인터넷 평등을 고찰할 때 디지털 기술의 활용은 민주주의에서 매우 중요합니다. 예를 들어 입법위원이 되고 싶을 때, 혹은 유권자가 입법위원을 뽑으려는 경우에 입후보자의 표현 능력이 상당히 중요합니다.

당신이 입법위원이 되고 싶다고 가정해 봅시다. 만약, 표현 능력이 뛰어나지 않다면 주위 사람들은 당신이 도대체 무슨 말을 전하고 싶어 하는지 알 수 없겠지요. 의원이라는 글자의 '의(議)'에는 '이야기하다'라는 의미가 있듯이 지금까지는 말솜씨가 좋은 사람이나 표현 능력이 뛰어난 사람이 입법의원으로 당선되는 경향이 강했습니다.

하지만 인터넷이 발달한 지금은 비록 말솜씨가 없을지라도 인터넷을 통해 자신의 정책과 주장을 글과 도표로 표현하여 널리 알릴 수 있습니다. 혹은 SNS를 통한 상호 교류로 자신의 생각을 알릴 수도 있습니다.

이전의 아날로그 시대였다면 말솜씨가 없는 사람은 입법위원으로 쉽사리 당선될 수 없었겠지만, 지금은 꼭 달변가가 아니더라도 새로운 디지털 기술과 인터넷을 통해 자신의 주장과 정책을 널리 알림으로써 유권자의 공감을 얻고 입법위원이 되는 사람들이 등장하고 있습니다. 굉장한 일이지요.

굳이 따지자면 차이 총통도 말솜씨가 없는 부류에 속합니다. 유권자는 연설을 들으면 아무래도 과거의 총통과 비교하게 되는데, 유권자의 감정에 호소하여 불을 지피는 점에서는 차이 총통이 다소 약해 보이기는 합니다. 리덩후이, 천수이볜(陳水扁), 마잉주와 같은 대만의 역대 총통들은 대규모 집회에서 참가자를 열광시키는 일에 탁월했습니다. 저는 연설 내용이 이해되는지, 공감되는지와는 별개로 그들의 스타일이 싫지만은 않습니다. 특히 리덩후이의 청중을 선동하는 능력은 출중했다고 생각합니다.

차이 총통의 연설에는 이런 매력은 부족합니다. 하지만 청중에게 매우 신뢰감을 준다는 특징이 있습니다. 연설을 들으면 차이 총통이 어떤 위기에서도 아주 냉정하게 대응할 수 있겠다는 느낌을 받습니다. 그것이 그녀의 신뢰감을 자아내고 있는 것이겠지요.

바야흐로 인터넷 시대에 차이 총통은 안정되고 냉정한 성품을 가진, 최소의 비용으로 최대의 결과를 내는 토론 전문가로서 국가 지도자에 어울린다는 평가를 받았습니다. 인터넷이 탄생하지 않았다면 이런 평가를 받지 못했을 거라 생각합니다. 그녀는 후보 토론회와 같은 1 대 1 대화에서는 우수한 능력을 발휘하지만 군중을 선동하고 많은 사람과 악수를 나누며 호소하는 방식에는 결코 능숙하지 않기 때문입니다.

　　이처럼 현재 민주주의에서 군중을 선동하는 능력의 유무는 큰 문제가 되지 않습니다. 인터넷 시대를 살아가는 현대의 우리는 인터넷을 통해 많은 대화형 게임과 짧은 동영상, 네티즌과의 대화를 경험하고 있습니다. 전문가의 안내를 받아 이를 활용할 수 있다면 차이 총통은 매우 명확하게 자신의 철학을 설명할 수 있을 겁니다. 그리고 명확한 설명이 이루어질수록 우리는 차이 총통이 냉정하고 긴 안목을 지녔으며 대학 교수만이 아니라 정치 수장으로도 적합한 총명한 개성을 가진 것을 이해하게 됩니다.

　　차이 총통은 인터넷 토론에 익숙해져 있습니다. 유권자는 인터넷의 쌍방향 특성을 이용하여 그녀에게 보다 나은 아이디어를 제공할 수도 있습니다. CECC의 천스중 지휘관도 차이 총통과 성격이 비슷합니다. 기자회견이 매일 열리기 시작한 당초에는 전혀 달변가가 아니었습니다. 이후 매일 연습을 거듭하며 점차 유창해진 듯합니다. 역시 선동형 정치가는 아닙니다. 기자가 던지는 신랄한 질문에도 온화한 분위기를 유지하며 답변하곤 했습니다. 하지만 누구도 그가 국민의 의견을 대변하지 않는다고 생각하지 않았으며 오히려 안도감을 느끼며 이야기를 들었을 겁니다.

이것이 바로 인터넷 시대의 특징이라고 생각합니다. 사람들은 비교적 달변가가 아닌 지도자들이야말로, 인터넷을 통해 대중의 주장이나 의견에 귀를 기울여 정책에 반영해 준다고 실감하고 있는 것이 아닐까요? 만일 인터넷과 같은 상호 소통 수단이 없고, 집회에서 군중을 향해 연설하는 수밖에 없다면 이러한 평범한 타입의 정치가가 이 정도로 평가를 받지는 못했겠지요. 어떤 의미에서는 인터넷의 쌍방향성이 정치에서 평등을 실현시킨 셈입니다. 이 점도 디지털 민주주의의 하나의 특징이라고 할 수 있습니다.

'모두의 일을 함께 돕는다'는 정신으로 사회를 변혁하다

정치에는 대립이 따르지만 정치적인 대립을 뛰어넘는 일은 그다지 어렵지 않다고 생각합니다. 지속가능발전목표(SGDs)[32]처럼 비교적

---

32   * 지속가능발전목표(Sustainable Development Goals, SGDs): 2030 지속가능발전 의제라고도 하며 2015년 제70차 UN 총회에서 2030년까지 달성하기로 결의한 의제. 인류의 지속가능한 발전을 위해 정립했으며, '단 한 사람도 소외되지 않는 것(Leave no on behind)'라는 슬로건을 내세우고 있다. 인간, 지구, 번영, 평화, 파트너십의 5개 영역에서 17개 목표와 169개 세부 목표를 제시하고 있다.

간단하고, 대만이라는 나라를 발전시키기 위해 유효하다고 누구나 동의할 수 있는 가치를 찾아낼 수 있으면 됩니다.

예를 들어 현재 대만의 4대 정당(민진당, 국민당, 시대역량당, 대만민중당) 모두는 '민주주의를 더욱 발전시키자', '정부는 국민을 좀 더 신뢰하자'는 주장에 동의할 것입니다. 또 '전 세계가 대만의 민주주의를 이해하도록 만들자'는 가치를 반대하는 정당은 없을 것입니다. 지금 제가 하는 일은 바로 이러한 공통의 가치를 찾아내는 것입니다. 그러므로 일종의 복잡한 권력 투쟁에 휘말릴 걱정도 없습니다.

요컨대 모두가 모두의 일을 함께 돕는 것이 중요합니다. 마스크 지도만 하더라도 특정 개인이 아닌 시빅해커의 협력으로 만들어 냈습니다. 이것은 소셜 이노베이션의 성과입니다. 정부가 무엇을 하려고 하든 상관없이 한 사람 한 사람이 나은 방법을 고민하고, 생각이 떠오르면 실천에 옮깁니다. 마스크 지도는 모두가 좋은 아이디어라고 생각했기 때문에 함께 만든 것입니다.

과거에 자주 언급되던 '시빅 인게이지먼트(Civic Engagement, 시민 참여)'는 정부가 주제를 설정하여 시민에게 의견을 구하는 구조였습니다. 반대로 소셜 이노베이션(Social Innovation)은 시민이 주제를 정하고 정부가 시민의 아이디어에 협력하여 완성됩니다. 정부는 결코 주체도, 방향성을 조종하는 존재도 아닙니다. 현재 대만의 민주주의는 이러한 형태로 발전해 나가고 있습니다.

현재 대의제 민주주의는 저에게는 원시적인 시스템처럼 보입니다. 라디오와 TV가 보급되어 한 명의 정치가가 수백만 명의 국민에게 이야기를 할 수 있었습니다. 하지만 이는 어디까지나 일방통행에 지나지 않으며 정치가는 수백만 국민의 의견을 들을 수 없었습니다. 또 국민들이 서로의 의견에 귀를 기울이고 논의하는 일도 드물었습니다.

그런데 인터넷이라는 플랫폼을 사용함으로써 하나의 주장과 문제에 대해 누구나 이야기를 나눌 수 있게 되었습니다. 각자의 이념과 주장, 정치 지향성을 떠나 모두가 자유롭게 이야기할 수 있는 것입니다. 같은 가치관을 가지고 목표로 하는 방향에 대한 공통 인식이 있다면 함께 이야기함으로써 사회를 전진시킬 수 있습니다. 이런 의미에서 인터넷은 간접민주주의의 약점을 극복할 수 있는 중요한 도구가 될 수 있겠지요. 거기서 저는 디지털 민주주의가 가진 미래의 가능성을 엿봅니다.

4장

소셜 이노베이션:
한 사람도 소외시키지 않는
사회 개혁을 실현하다

대만에는 '계파(鷄婆)'라는 단어가 있습니다. 계파는 '어미 닭처럼
참견하기 좋아하고 시끄럽다'는 의미로, 대만에서는 중요한 가치입
니다. 마이너리티에 있어, 이 '계파'라는 개념이 참 소중하다고 생
각합니다. 마이너리티라고 부정당하는 과정에서 전혀 자신감을 잃
지 않아도 됩니다. 오히려 마이너리티이기 때문에 다수파에게 '우
리는 여러분과 다른 견해를 가지고 있다', '여러분에게 보이지 않는
문제가 보인다'고 주장할 수 있습니다. 그 내용에 설득력이 있고,
관점이 합리적이라고 수용된다면 사회는 보다 나아질 것입니다.

경계를 허무는 것에서 시작하는
오픈 거버먼트

제 하루 일과를 간단히 소개해 보려고 합니다. 기상 시간은 아침 6시 반입니다. 일터에는 운동화를 신고 갑니다. 집무실이 있는 사회창신실험센터까지 걷기도 하고 조깅을 하기도 합니다. 비가 많이 오지 않으면 걸어서 통근하는 것이 제 나름의 규칙입니다. 가는 도중에 친구를 만나 이야기를 나누기도 하고 최신 정책에 대해 보다 창의적인 아이디어를 얻기도 합니다.

집무실에 도착하면 체온을 재고 경비원에게 "오늘은 36.7도"라고 말한 뒤 카드 키를 찍고 안으로 들어갑니다. 커피를 내려 얼음을 넣고 운동화 대신 업무용 신발로 갈아 신습니다. 그리고 인터넷을 켜서 답신 메일이 왔는지 확인합니다. 지난 밤에 제가 퇴근한 후 동료들이 새로운 과제를 추가했다면, 그에 대한 코멘트를 작성합니다. 그런 다음 당일 스케줄을 확인합니다.

집무실이 위치한 건물은 예전에 공군사령부가 쓰던 곳입니다. 일본통치시대에는 공업연구소 같은 기관이 있었다고 들었습니다. 원래는 건물의 사방이 완전히 벽으로 둘러싸여 있어서 바로 앞에 있는 런아이루(仁愛路)에서는 전혀 안쪽을 볼 수가 없었습니다. 현재는 벽을 제거하여 마치 공원과 같은 장소가 되었습니다. 타이베이 시내에 위치한 유수의 공원인 다안썬린(大安森林) 공원보다도 한층 개방감이 있어 한숨 돌리기에는 최적의 장소입니다. 건물은 어디서라도 조망할 수 있게 되어 있습니다.

이 건물 지하에는 소방처의 안전 검사가 끝난 후, 몇몇 조직이 입주하기로 되어 있습니다. UN이 제시한 17개 항목의 '지속가능발전목표'에 관한 문제를 해결하기 위한 조직에 해당되면 1년 동안 무상으로 빌릴 수 있습니다. 또 사전에 신청하면 이벤트와 기자회견, 전시회 등 단발성 행사를 위해 공간을 무료로 사용할 수 있습니다. 다만 이벤트는 누구나 참여 가능한 형태여야 한다는 조건이 있습니다. 한 마디로 이곳은 '이노베이션을 창출하기 위한 장소'입니다.

고정된 일정으로는 매주 목요일 오전에 열리는 행정원 회의가 있습니다. 오후에는 주로 과학기술부(우리나라의 과학기술정보통신부에 해당)에 가서 회의를 합니다. 정무위원이 된 후로는 주 2회 정례회의가 유일한 고정 일정입니다.

일정이 다양해서 다른 날엔 무엇을 하는지 설명하기 곤란하지만 수요일에는 대개 사회창신실험센터 내 집무실에 머물며 아침부터 밤까지 누구나 이곳에 찾아와 이야기를 할 수 있도록 하고 있습니다. 때로는 원격으로 이야기를 나누기도 합니다. 최근에는 면담 희망자가 늘어서 시간에 여유가 있으면 화요일이나 토요일에도 이곳에서 이야기를 듣습니다.

사람들이 저와 이야기하고자 하는 이유는 아마도 두 가지일 것입니다. 하나는 디지털 기술이 단순히 '위에서 아래로, 아래서 위로'와 같은 수직적인 기술이 아니라는 것이 널리 알려졌기 때문입니다. 수직적인 시스템을 수평적으로 연결시키는 것만으로 지금까지와는 전혀 다른 결과를 만들어 낼 수 있다는 사실을 점차 이해하게 된 결과라고 생각합니다. 대만의 마스크 판매 시스템이나 경제 부흥을 위해 발행된 진흥3배권의 사례를 지켜보며 영감을 얻은 이들도 많습니다. 그래서 비슷한 아이디어를 가져와 자신들의 일에 어떻게 디지털을 응용할 수 있을지 상담하는 경우도 있습니다.

또 하나는 그동안 집무실이 벽으로 둘러싸여 안에서 무엇을 하는지 알 수 없었는데, 벽이 제거되고 나서 들어가기 쉬워진 이유도 있을 것입니다. 이전에는 우연히 들어왔다가 이런 곳이 있는 줄 알게 된 사람이 아예 없었습니다. 먼저 이곳이 어떤 곳인지 알아본 다음에 일부러 찾아오거나 혹은 오드리 탕과 이야기를 하고 싶은 사람만 찾아왔던 것 같습니다. 그런데 벽이 제거되고 이벤트와 전시회가 자주 열리면서 지나가던 사람들이 '오드리 탕이 저기 있네'라며 찾아오는 일이 늘었습니다. 이렇게 물리적인 의미에서 경계를 허무는 것도 오픈 거버먼트(Open Government, 열린 정부)의 하나로 해석할 수 있습니다.

오픈 거버먼트는 정부와 국민 간에 신뢰 관계가 있어야만 성립합니다. 이전부터 대만 정부는 국민을 신뢰해야 한다고 강조했습니다. 만일 정부가 국민을 잘 이해하지 못한다고 느낀다면 국민이 정부에 창의적인 견해를 제시하면 됩니다. 반대로 정부가 국민을 전혀 이해하지 못해서 정치에 참여할 필요도 없다고 느낀다면 국민들은 결국 정치에 대한 관심을 잃게 되겠지요.

최근 대만에서도 사법 분야에 재판관[33] 제도(우리나라의 국민참여재판에 해당)를 도입하기로 결정했습니다. 여기에는 재판관(판사)이 반드시 사안을 가장 잘 이해하는 것은 아니며, 일반 시민이 재판관으로 참여해도 각각의 관점에서 견해를 낼 수 있을 것이라는 생각이 바탕에 깔려 있습니다. 이를테면 재판관은 대부분의 시간을 법률과 관련하여 보내다 보니 일반적인 삶 혹은 생활에 대한 경험이 부족할 수 있습니다. 이때 일반 시민의 경험이 큰 역할을 할 수 있습니다. 이처럼 입장과 지위에 따라 사람을 나누지 않는 열린 자세는 오픈 거버먼트의 실현에 매우 중요한 요소가 됩니다.

만일 정부가 열린 자세를 보이지 않는다면 재판관 제도를 도입하여 국민에게 법정에 나와 달라고 요청해도 아무도 참여하고 싶지 않겠지요. 일본에서는 재판관 제도에 대해 긴 시간을 들여 논의를 거듭하고 국민에게 알린 끝에 이제는 재판관 제도를 대다수 국민이 인지하게 되었다고 합니다. 이 또한 법률 제도 전체의 문제를 보다 평이한 방법으로 사람들에게 이해시키기 위해 빼놓을 수 없는 프로세스였을 겁니다.

오픈 거버먼트를 정착시키려면 이처럼 시간도 필요하지만, 무엇

---

33   * 우리나라의 국민참여재판제도에서 배심원에 해당한다.

보다 사람들에게 정성껏 설명하여 이해하게 하는 자세가 필요합니다.

공통의 가치를 발견하여
이노베이션으로 이어나가다

아무리 머릿속에 날마다 다양한 사유와 생각이 떠오른다고 해도, 결국은 오늘은 무엇을 할지 결정해야 합니다. 물론 저만 그런 것은 아닙니다. 사람은 각자 다양한 생각과 아이디어를 가지고 있습니다. 그리고 많은 아이디어 중에 최종적으로 무언가를 정할 때는 다양한 상황을 시뮬레이션할 필요가 있겠지요. 그러려면 자신의 머릿속에 있는 스토리를 언어화하여 이 스토리의 상황에서는 무엇이 중요한지, 어떤 가치를 선택하여 보다 빈틈 없이 양질의 결과로 실현할 수 있을지를 계속해서 고민해야 합니다.

이런 프로세스를 통해 우리는 사람들 사이에 있는 공통의 가치를 발견할 수도 있습니다. 공통의 가치가 있다면 오늘은 그 가치를 달성해야 한다는 마음으로 노력을 아끼지 않겠다고 다짐할 수 있습니다. 다짐하고 나면 오늘 달성해야 할 것을 위해 무엇을 해야 하는지 또 다른 아이디어가 머릿속에 떠오릅니다.

매일매일 계속해서 생각한다는 것은 자신이 오늘 달성하고 싶은 일이 무엇인지를 지속적으로 모색한다는 것입니다. 그 일이 확정되면 이어서 실현 방법을 찾는 탐색이 시작되는 겁니다. 예를 들어 지금은 신종 코로나바이러스를 어떻게 막을 것인지가 전 세계의 공통된 가치가 될 수도 있습니다. 이를 실현하기 위해서는 백신을 개발하는 것이 가장 중요하다고 생각하는 사람들이 많을 겁니다. 하지만 백신 이외에도 다른 방법이 많이 있을지도 모릅니다. 그렇기 때문에 우리는 타인을 통해 배우고 생각하는 행위를 겸허하게 실천해야 합니다.

가치관이 이미 확립된 경우에는 자신과 동일한 가치관을 가진 사람을 찾게 됩니다. 하지만 가치관이 아직 확립되지 않았다면 가치관 확립을 위해 계속해서 배우는 것이 중요합니다. 또 공통의 가치에 쉽사리 닿지 못하는 사람들도 있습니다. 그런 이들은 아직 탐색 단계에 있거나 실행하고 싶은 일이 너무 많아서 공통의 가치에 수렴되지 못하고 있을 뿐일지도 모릅니다. 공통의 가치에 닿기까지의 시간은 사람마다 다르겠지요.

그중에는 많은 사람이 아직 깨닫지 못한 사고의 관점으로 사회와 사안을 바라보는 사람도 존재합니다. 타인과는 다른 창의력으로 사회를 생각하는 겁니다. 예술가들이 이에 해당하겠지요. 하지만 유감스럽게도 이들을 지원할 수 있는 시스템은 매우 한정적입니다.

저는 리덩후이의 말이나 선인들의 철학적 사고를 자주 인용해서 이야기하곤 하는데, 그들은 미개의 땅에 길을 개척해 준 사람들입니다. 그들이 있었기에 우리는 생각할 시간을 절약할 수 있었습니다. 선인이 걸어온 길이 존재하기 때문에 많은 사람이 태양이 지구를 돈다는 말은 받아들이지 않지만, 지구가 태양 주위를 돈다는 말에는 의아한 표정을 짓지 않는 겁니다.

제 업무는 여러 입장을 가진 사람들이 공통의 가치를 찾을 수 있도록 돕는 것입니다. 일단 공통의 가치를 찾으면 서로 다른 방식 안에서도 모두가 받아들일 수 있는 새로운 이노베이션이 일어납니다. 바로 공통의 가치와 실천의 가치를 실현하는 이노베이션입니다.

이러한 일은 제가 정무위원이 되기 전부터 해 왔던 일입니다. 물론 현재는 정무위원으로서 중앙정부의 지원을 받으며 부회 사이의 가치를 조정하는 일을 진행하고 있습니다. 부회 사이에 가치가 상이하거나 조정이 어려운 경우, 민간의 힘을 실어 이노베이션을 추진하는 경우도 있습니다. 특히 이노베이션 분야에서는 민간기업이 이미 많은 혁신적인 아이디어를 내고 있음에도, 정부 내에서는 아직 깨닫지 못한 부분도 많기 때문입니다.

따라서 우선 정부의 가치관을 확립한 후에 같은 가치관을 가진 민간기업과 개인을 끌어들이면 처음부터 무언가를 만들어 낼 필요가 없습니다. 이것이 현재 제가 하는 업무와 정치의 관계입니다.

마이너리티에 속해 있기 때문에 가능한 제안이 있다

저는 성장기에 남성 호르몬 농도가 여든 살의 남성과 같은 수준이었습니다. 그래서 남성으로서의 사춘기는 제대로 발현되지 않은 상태였습니다. 스무 살쯤 남성 호르몬 농도를 검사했더니 거의 남성과 여성의 중간 정도라는 사실을 알게 되었습니다. 이때 트랜스젠더라는 것을 자각했습니다.

저는 10대에 남성의 사춘기, 20대에 여성의 사춘기를 경험했는데, 10대에 맞이한 첫 번째 사춘기 때는 완전한 남성이 되지도 않았고 목젖도 없었습니다. 또한 남성으로서의 감정이나 사고를 가진 적도 없었습니다. 20대에 맞이한 두 번째 사춘기 때는 완전하지는 않지만 가슴이 발달했습니다. 결국 저는 남녀 각각의 사춘기를 2~3년씩 경험했지만, 일반 남성과 여성만큼 완전히 남녀가 분리되어 있지는 않습니다. 그래서 행정원 정무위원으로 취임할 때 성별을 기입하는 칸에는 '무(無)'라고 적었습니다.

저는 사람과 사람을 구분하는 경계선은 존재하지 않는다고 생각합니다. 성별도 마찬가지입니다. 애초에 부모님이 '남자는 이래야 하고 여자는 이래야 한다'는 교육을 하지 않았기 때문에, 저는 성별에 대한 특별한 인식이 없었습니다. 열두 살에 만난 인터넷 세계에서도 성별을 밝힐 필요가 없었고 질문을 받은 적도 없었습니다.

스물네 살이 되어 스스로 트랜스젠더라는 사실을 처음 밝혔습니다. 그리고 스물다섯 살에 이름을 '탕쭝한(唐宗漢)'에서 '탕펑(唐鳳)'으로 바꿨습니다. 부모님은 제 선택을 지지해 주었고 영어 이름은 오드리 탕으로 정했습니다.

실은 이름을 바꿀 때 '오드리(Audrey)'라는 영어 이름을 먼저 정했습니다. 오드리는 남녀 모두가 사용하는 중성적인 이름이라고 느꼈기 때문입니다. 한자 이름을 지을 때는 '펑(鳳)'이라는 글자를 먼저 골랐습니다. 대만에서는 세 글자로 된 한자 이름이 일반적이라서, 괜찮은 나머지 한 글자를 더해 조합한 다음 관공서에 개명 신청을 하려고 했습니다. 그러던 중에 한 일본인 친구가 "펑이라는 글자는 일본어로 '오오토리(몸집이 큰 새)'라고도 읽으니까 오드리의 일본어 발음과 비슷하네"라고 알려주었습니다. 그래서 저는 새로운 이름을 '펑'으로만 하기로 정하고 그대로 관공서에 '탕펑'으로 신청했던 겁니다. 대만에서 두 글자로 된 한자 이름은 소수이지만 아주 드물지도 않습니다.

이렇게 해서 저는 트랜스젠더의 삶을 선택했습니다. 개인적으로 생각할 때 트랜스젠더는 남녀의 틀에 얽매이지 않아서 그만큼 자유도가 높다고 느낍니다. 또 이른바 마이너리티(Minority, 소수자)에 속해 있어서 입장이 다른 모든 사람에게 부담 없이 다가갈 수 있는 듯합니다. 이는 트랜스젠더의 좋은 점이라고 생각합니다.

저는 어릴 때 왼손으로 글씨를 썼습니다. 대부분 오른손으로 글씨를 쓴다는 것을 알고 있었기 때문에 그때부터 '나는 마이너리티'

라는 경험을 했습니다. 마이너리티이기 때문에 다른 사람에게는 보이지 않는 시점을 가질 수 있는 건지도 모르겠다고 생각합니다.

중요한 것은 마이너리티이든 아니든 상관없이 그 사람의 공헌을 사회가 인정하느냐입니다. 가령 마이너리티라도 그 공헌을 사회가 인정해 준다면 스스로 선구자가 된 듯한 기분이 들 것입니다. 앞서 말했듯이 대만에는 '계파'라는 단어가 있습니다. 계파는 '어미 닭처럼 참견하기 좋아하고 시끄럽다'는 의미로 대만에서는 중요한 가치관이 되어 있습니다. 마이너리티에 있어, 이 '계파'라는 개념이 참 중요하다고 생각합니다.

마이너리티라고 부정당하는 과정에서 전혀 자신감을 잃지 않아도 됩니다. 오히려 마이너리티이기 때문에 다수파의 사람들에게 '우리는 여러분들과 다른 견해를 가지고 있다', '여러분에게 보이지 않는 문제가 보인다'고 주장할 수 있습니다. 그 내용에 설득력이 있고, 관점이 합리적이라고 수용된다면 사회는 보다 나아질 것입니다.

서문에서 아들이 분홍색 마스크를 하고 학교에 갔다가 웃음거리가 되어 창피를 당했다는 어머니의 고민이 코로나19 대책 핫라인에 접수되었다는 에피소드를 소개했습니다. 그 사연을 들은 CECC의 지휘관들은 다음 날 기자회견에 모두가 분홍색 마스크를 쓰고 참석했습니다. 그리고 "분홍색은 괜찮은 색이다"라고 보도진에게 말했습니다. 천스중 지휘관은 어렸을 때 <핑크 팬더>라는 애니메이션을 무지 좋아했다는 말도 덧붙였습니다. 그 결과 SNS에서는 대만의 많은 기업과 개인이 로고와 프로필 이미지 배경을 분홍색으로 바꾸며 정부를 지지하는 움직임까지 보였습니다. 이렇게 해서 누구나 분홍색 마스크를 받아들이게 되었습니다.

이처럼 대만에는 관용과 인클루전(포용)의 정신이 있습니다. 마이너리티의 사람들이 다수파에게 구체적인 제안을 하면 다수파는 흔쾌히 귀를 기울이는 기반이 존재한다는 것입니다. 분홍색 마스크 일화는 저에게도 사회가 어떻게 움직이는지, 어떠한 구조를 가지고 있는지를 이해하는 유익한 계기가 되었습니다.

시대의 흐름과 함께 자연스럽게 정리되는 문제:
동성혼 문제를 해결한 지혜

공동의 경험을 거듭하여 서로에 대한 이해가 깊어지면 그 이전과 관계가 바뀌는 경우가 있는 것 같습니다. 이러한 변화는 한 나라 안에서도 일어날 수 있는 일입니다.

최근 대만에서 일어난 가장 큰 대립은 혼인의 가치에 대한 것이었습니다. 구체적으로 말하면 2018년에 이루어진 주민투표에서 결혼은 '집안과 집안의 문제'인지 '개인과 개인의 문제'인지를 두고 의견 대립이 일어났습니다. 제 기억으로는 동성혼에 관한 대립이 가장 컸던 것 같습니다. 기성세대에게 결혼의 가치는 개인과 개인의 관계가 아닌 집안과 집안의 관계에서 발생하는 것이었습니다. 여기에 동성혼 문제가 끼어들면 의견 대립은 더욱 격렬해집니다. 당시 대립은 쉽게 잠잠해지지 않을 것처럼 보였습니다.

하지만 우리는 지혜를 모아 함께 문제를 해결했습니다. 예를 들어 동성혼을 원하는 커플이 있으면 혼인의 평등을 보장하기 위해 개인 간의 결혼은 인정하는 한편, 가족 간의 인척 관계는 성립하지 않는 방식을 마련했습니다. 이 방식이라면 사회도 받아들이기가 수월하지 않겠냐고 생각한 것입니다.

그 결과 동성혼이 인정된 지 1년이 경과한 지금, 다른 세대 사이에서도 이 방식이 점차 받아들여지고 있습니다. 2018년 주민투표 때는 찬성파와 반대파가 일촉즉발인 상황이었지만, 현재 여론조사에 따르면 동성혼 지지자가 당시보다 10퍼센트 증가한 것으로 나타났습니다. 이 방식이 받아들여진 이유는 각 세대 사람들이 가지고 있는 가치관을 어느 쪽도 희생시키지 않았기 때문이겠지요. 결국 모두가 이것이 그리 격렬하게 대립할 문제가 아님을 깨달은 겁니다.

이처럼 혼인 문제에서 가장 의견을 모으기 힘든 동성 커플의 결혼이라도, 단서를 붙이면 그렇게 해가 되는 일은 아니라는 것을 많은 사람이 알게 됩니다. 이 문제가 먼저 해결되면 다른 혼인에 관한 문제도 자연스럽게 해결될 거라고 생각합니다. 물론 가족 간의 인척 관계 발생 여부, 국제결혼, 자녀 양육, 인공생식 등 아직 넘어야 할 장벽이 많이 남아 있지만 일반적인 문제와 마찬가지로 이제부터 천천히 정리해 나가면 됩니다.

　이러한 문제는 사회의 자연스러운 일부분에 지나지 않는다는 점을 널리 알리는 것이 중요하다고 생각합니다. 그런 의미에서 때로는 의견 대립과 같은 폭우가 내리는 것도 아주 나쁘지만은 않습니다. 비 온 뒤 땅은 더욱 단단하게 굳는 법입니다.

효과를 체감할 수 있는 부분부터 개선해 나간다

앞서 말했듯이 저는 원래 왼손잡이였습니다. 왼손잡이로 타고난 것이라 제가 선택한 것이 아니었습니다. 왼손잡이라서 왼손으로 글씨를 쓰고 젓가락질을 하는 것에 익숙해졌을 뿐입니다. 일곱 살 때는 선생님으로부터 "왼손이 편해도 오른손을 쓰는 연습을 해야 한다"라는 이야기를 들었습니다. 세로쓰기를 하는 중국어는 오른쪽에서 왼쪽으로 쓰기 때문에 오른손잡이가 비교적 편하다는 이유 때문이었습니다. 확실히 왼손잡이는 앞쪽으로 왔다 갔다 하며 써야 하는 불편함은 있습니다.

　그러나 요즘은 글을 쓸 때 대부분 컴퓨터 키보드를 사용합니다.

키보드로 입력할 땐 오른손이나 왼손이 아니라 양손으로 입력하는 것이 가장 빠릅니다. 사회적 도구의 변화는 사람의 생각을 바꿉니다. 이제는 왼손으로 스마트폰을 만지는 아이를 보아도 오른손을 쓰라고 말하는 선생님은 없겠지요.

이처럼 기본적 행동 패턴과 사회적 행동 패턴을 누구에게나 편리하도록 조정하는 시기가 오면 왼손잡이는 이상하다는 분위기가 자연스레 사라집니다. 한편 대부분의 사람이 오른손잡이라서 개찰구 센서를 오른쪽에 두는 것은 합리적입니다. 개찰구 센서를 사용하는 일은 왼손잡이에게도 글씨를 쓰는 것만큼 어려운 일은 아닙니다. 조금만 손을 뻗으면 됩니다. 이런 것은 서둘러서 바꾸지 않아도 됩니다.

우리가 진보할 가능성은 언제든 존재합니다. 지금 상태가 백 점이 아니라고 해서 파괴하는 것은 넌센스입니다. 파괴하면 '0'이 되고 다시 처음부터 시작해야 합니다. 저는 항상 80점짜리가 있다면 어디가 부족한지 생각하고, 고치면 효과를 체감할 수 있는 부분부터 먼저 바꿔 나가자고 말합니다.

제가 평소에 일하는 곳인 사회창신실험센터에는 남자용, 여자용, 휠체어 사용자용, 젠더 뉴트럴(성중립)용까지 네 종류의 화장실이 있습니다. 누구나 쾌적하게 화장실을 이용할 수 있는 데다가, 네 종류의 화장실 중에 한 곳이 고장이 나더라도 플러스알파의 선택지가 있으니 편의성 측면에서도 제법 좋다고 생각합니다.

휠체어 사용자용이나 젠더 뉴트럴용은 처음에는 소수를 대상으로 한 화장실이었지만 나중에는 어린아이들과 함께 이용하기에 매우 적합하다고 느낄 수도 있습니다. 또 원래는 휠체어 사용자를 위해 설계된 화장실이 고령자나 보행기를 사용하는 사람에게도 사용하기 편리할 수도 있습니다.

이처럼 누군가 소수자를 위한다는 생각으로 설계한 것이 예상치 못한 사람들에게 도움을 주기도 합니다. 나와는 상관없다고 생각했지만, 운동을 하다가 다쳐서 두 달 동안 휠체어를 타게 될지도 모릅니다. 늘 다수파에 속해 있어도 때로는 소수파에 속하게 되는 경우도 있습니다. 그리고 한 번이라도 소수파가 되는 경험을 한 사람은 다수파로 돌아왔을 때 소수파의 사람들을 배제하지 않게 됩니다.

이 개념이 중국어로는 '공융(共融)'이라고 불리는 '교차성(Intersectionality)'입니다. 제로섬(Zero-sum)처럼 '하나가 늘면 하나가 줄어드는' 것이 아니라 '누구도 소외시키지 않는다'는 자세로서, 곧 인클루전의 사고방식입니다.

심부름꾼 중의 심부름꾼이 되다: 사회의 지혜가 만드는 일

저는 행정원에 입각할 때 심부름꾼 중의 심부름꾼이 되기로 선언했습니다. 공익에 이바지하는 것이 제 일이라고 생각하기 때문에 제 스스로가 특별히 업무를 설정하여 실행하지는 않습니다. 제 업무는 사회의 지혜에 전적으로 의지하고 있습니다. 시민의 지혜가 가장 중요합니다. 사회가 원하는 바를 실현해 나가기 위해 IT를 활용하여 무엇을 할 수 있을지 고민하는 것이 제 역할이라고 생각합니다.

일례로 이런 에피소드가 있습니다. 대만에서는 정부의 에이즈 정책에 대한 청원에 5,000명 이상이 서명했습니다. 청원은 'U＝U (Undetectable=Untransmittable)' 캠페인의 홍보를 정부가 적극적으로 실시해야 한다'는 내용이었습니다. 'U＝U'란 효과적인 항HIV 치료를 받으면 성행위로 다른 사람을 HIV에 감염시킬 일은 없다'는 의미를 나타내는 메시지입니다.

대만에서는 에이즈가 전혀 희귀한 질병이 아닙니다. 정기적으로 약을 복용하기만 하면, 감염의 위험성도 없습니다. 대만의 형법에는 '성병을 감염시키면……'과 같은 진부한 규정은 없지만 에이즈에 관한 조문은 아직 존재합니다. 그래서 유감스럽게도 일반인들이 에이즈에 대해 가지는 부정적인 인상은 이전 그대로입니다.

이런 종류의 교육에 관한 책임은 교육부에만 있지 않습니다. 행정적으로 관련된 위생복리부는 태도를 고쳐야 하며, 에이즈에 관한 연구의 유효성을 증명해야 합니다. 또 생명의학 연구의 후방 지원도 필요한데, 이 일은 과학기술부가 할 일입니다.

이런 점에서 캠페인 홍보는 하나의 부회 횡적 업무가 되고, 국민의 HIV 바이러스에 대한 인식을 어떻게 전환시킬 것인가라는 과제가 됩니다. 이 과제는 국민들이 자발적으로 5,000명의 서명을 모아 발기한 청원이지 제가 실행하고자 생각해낸 것이 아닙니다. 하지만 5,000명의 서명이 모이면, 거기서부터 저는 이 문제 해결에 나설 수 있습니다. 제 일은 이렇게 해서 시작됩니다. 사회의 지혜가 제 업무를 만든다는 말은 바로 그런 의미입니다.

AI를 활용한 사회 문제 해결을 겨루는 '총통배 해커톤'

제가 디지털 담당 정무위원으로서 개최하는 '총통배 해커톤'이라는 행사가 있습니다. 총통부 주최로 매년 1회 열리는 이 행사에서는 '지속가능발전목표'라는 주제에 따라 민간에서 아이디어를 모집합니다.

예를 들면 '화상회의 시스템을 이용하여 지방이나 외딴섬의 의료 문제를 어떻게 해결할 것인가', '수도관에서 물이 새는 부분을 확인하기 위해 AI를 어떻게 활용할 것인가', '독거노인의 거주지에 실수로 화재가 발생하기 쉬운 경우를 AI로 사전에 분석할 방법이 있는가', '지진이 일어났을 때 정부가 독거노인에게 어떤 방법으로 경보 메시지를 전달할 것인가'와 같은 다양한 문제에 대해 디지털이 어떻게 해결책을 제공할 수 있을지를 함께 의견을 나누고 겨루는 겁니다.

이러한 주제와 해결 방안은 정부와 민간의 사회 활동에 참여하는 사람들이 함께 제안하고 매년 상위 다섯 팀의 아이디어를 선정하여 수상합니다. 수상 팀에게는 프로젝터 기능을 갖춘 트로피를 상품으로 주는데, 이 프로젝터의 스위치를 켜면 "여러분이 석 달에 걸쳐 만들어 낸 작품을 정부는 앞으로 1년 이내에 반드시 공공 정책으로 실현시키겠습니다"라는 차이 총통의 메시지가 투사됩니다.

이 행사는 해외에서도 주목을 받아 뉴질랜드의 웰링턴 지방 정부가 2018년 해커톤에 참가한 '창구수보보(搶救水寶寶, Save the Water Babies)' 팀을 초청하여 누수 문제를 해결하기 위한 협력을 요청하기도 했습니다. 이후 'Water Box'라는 이름이 붙은 이 프로젝트는 웰링턴 지역의 팀이 이어받았습니다.

창구수보보 팀은 2020년에도 해커톤에 참가했습니다. 이번에는 대만에 있는 농지 공장(농업용지에 위치한 공장)에 관한 주제를 들고 나왔습니다. 농지 공장은 농지를 오염시켜서는 안 된다고 법률로 정해져 있지만 실제로는 오염된 곳도 있었습니다. 그러니 새로운 법률을 가결시켜 농지가 오염되었을 경우에는 중앙 정부의 결정에 의해 수도와 전력 공급을 중단할 수 있도록 하자는 겁니다.

하지만 막상 문제가 일어났을 때, 공장에서 '우리가 그런 것이 아니다, 상류에 있는 공장이 오염시킨 것'이라고 발뺌하며 다른 공장에 떠넘기려고 할 가능성도 있습니다. 이 상태로는 누가 오염시켰는지 주체를 알 수 없습니다.

이런 문제를 해결하기 위해 나온 아이디어가 태양광 전력을 이용한 기기를 용수로와 관개설비에 직접 설치하고, 수질 검사 결과를 인터넷상에 분산해서 만들어 놓은 계정에 계속해서 기록하는 것이었습니다. 자신의 공장이 오염시키지 않았다는 것을 증명하고, 오해로 검거되고 싶지 않다면 이 기기를 공장의 상류에 설치해 두기만 하면 됩니다. 그럼 어느 공장이 오염원인지 누구나 분명히 알 수 있습니다.

경제부의 중소기업국이 주도하는 해커톤 활동에는 실제로 많은 중소기업이 참가하여 각 지역이 안고 있는 문제를 해결하기 위해 큰 도움을 주고 있습니다.

인간사회를 개선하는 보조 지능으로
AI를 활용하다

해커톤 행사에는 대만뿐만 아니라 여러 나라가 함께 참여하기도
합니다. 이번에는 2020년 5월 5일부터 18일까지 '대만-미국 방역
해커톤(Cohack)'이 열렸습니다. 총 7개국(대만, 일본, 미국, 영국, 독일,
캐나다, 헝가리)에서 참가했는데, 참가 팀들은 사회가 신종 코로나
바이러스에 직면했을 때 어떻게 AI를 활용하여 대처할 수 있을지
를 주제로 논의를 펼쳤습니다.

  우선 참가자들에게 어느 정도의 시간을 주고 토론하도록 했습니
다. 미국의 한 참가자는 위급한 환자를 선착순으로 대응해서는 안
된다는 의견을 냈습니다. 위급한 환자가 찾아오면 우선 환자의 개
인정보를 파악하여 이 환자가 사회에 어느 정도 공헌할 수 있는지
AI로 계산하게 합니다. 그리고 공헌 가능성이 얼마 남지 않았다면
-일반적으로 고령자를 말할 수도 있습니다- 그런 환자의 치료는
뒤로 미룹니다. 반대로 사회에 공헌할 가능성이 많이 남아 있다면
-틀림없이 젊고 건강한 사람이겠지요- 우선적으로 치료하게 한다
는 겁니다. 이 의견은 언뜻 합리적으로 들리지만 사회 통념상 수용
하기 어렵고, 실제로 이 방식은 불법입니다.

  이 문제의 초점은 이 아이디어를 제공한 참가자가 AI로 무엇을
하고 싶은가라는 주제를 넘어, 사회가 나아갈 방향을 제시했다는

점에 있습니다. 물론 사회가 공헌 가능성에 따라 환자를 선별하는 방향으로 나아가는 것을 사람들이 원하지 않으면, 이 연구 자체가 아무리 성과가 좋을지라도 실제로 시도되는 일은 없을 겁니다. 반면에 대만-미국 방역 해커톤(Cohack)에서 최종적으로 선정된 상위 다섯 팀이 만들어 낸 성과는 세계 어디서라도 응용할 수 있는 아이디어였습니다.

여러분도 아시겠지만 AI는 'Artificial Intelligence'의 약자로 '인공지능'이라고 부르기도 합니다. 하지만 저는 오히려 'Assistive Intelligence', 즉 '보조 지능'으로 해석하는 편이 적절하다고 생각합니다. AI를 결코 인간을 선별하는 데 쓸 것이 아니라 어디까지나 소셜 이노베이션을 추진하여 인간사회가 보다 나아지도록 하기 위해 써야 한다는 뜻입니다.

대만-미국 방역 해커톤에서는 AI를 활용한 신종 코로나바이러스 대책이라는 주제에 대해 지역만이 아니라 도시, 나아가 국가 차원까지 범위를 넓혀 토의를 진행했습니다. 정책 결정자가 토의에서 나온 몇몇 결과 중에 어느 하나를 선택하면 효과적인 방역 대책이 될 뿐만 아니라 사생활도 유지되는 방식을 채택할 수 있겠지요.

해커톤에서 토의를 거듭하며 알게 된 것은 AI가 하나의 스토리(예를 들어 AI를 활용하여 어떻게 방역을 실현할 것인가)를 가시화하는 도구가 될 수 있다는 점입니다. 이러한 도구는 개인, 혹은 우리가 소속된 그룹, 가족과 지역을 최우선으로 하여 이익이 되어야 합니다. 어느 한 사람을 위해 개인의 사생활이 희생되는 일이 있어서는 안 됩니다. 그리고 이는 AI를 통해 실현할 수 있습니다.

또한 이때 논의된 내용은 각각의 의견에 대해 AI가 '참가자의 반응이 얼마나 긍정적인지 혹은 부정적인지(좋은지 싫은지)'를 식별하여 'k평균법'이라는 방법을 통해 분석되었습니다.

앞에서 소개하였듯이 AI 시스템을 통해 함께 논의를 펼친 나라는 영국, 독일, 헝가리, 캐나다, 미국, 대만, 일본이었습니다. 대만과 일본은 윤리적 통념이 비슷해서 일본인이 이상하다고 여길 만한 내용을 대만인이 제안하는 경우가 적습니다. 일본 역시 대만 측이 이상하다고 여길 만한 제안을 하는 경우가 드뭅니다. 문제를 해결하려고 할 때 일본과 대만의 참가자는 비슷한 가치관을 가지고 임하기 때문일 것입니다. 앞에서 예로 든 미국 측의 제안 역시 AI 소프트웨어가 식별한 의견의 차이(찬성과 반대의 차이)가 가장 컸던 것으로 보아 대만인뿐 아니라 일본인도 받아들이기 어려웠던 내용이었을 거라고 생각합니다.

동시에 이 AI 소프트웨어는 국경을 초월한 많은 참가자가 공통으로 높이 평가한 주제를 식별했습니다. 여기에 쓰인 AI 소프트웨어의 구조는 매우 단순합니다. 우선 어떤 제안에 다른 나라의 참가자는 좋고 싫음을 표현할 수 있습니다. 또한 제안에 대해 좋고 싫음의 점수를 매기기 전에, 다른 나라의 참가자는 제안된 내용을 자신들 나름대로 적절히 수정하여 제안할 수 있습니다. 수정한 제안에 대해서도 다시 다른 참가자들이 좋고 싫음의 점수를 매깁니다.

　이 프로세스를 몇 차례 되풀이하는 동안에 AI는 '참가자들이 주로 어떤 제안을 선호했는지', '참가자들은 어떤 제안을 좋아하고 싫어하는지'와 같은 내용을 정리할 수 있습니다. 그 결과 개인의 취향에 따라 그룹이 만들어지게 됩니다.

가운뎃점(·)으로 연결함으로써 일어나는 이노베이션

저는 '범주론(Category Theory)'이라는 수학 이론에 특별히 흥미를 가지고 있습니다. 이 이론은 언뜻 다르게 보이지만 같은 상호작용을 하는 관계에 대한 학문입니다. 어떤 것의 상호작용 방식을 다른 상호작용 방식으로 자연스럽게 변환하려면 어떻게 해야 하는지를 다루는 것이 범주론의 특징입니다.

　예를 들어 '사회적 기업'이라는 명칭은 지금까지 '사회적'이 형용사이고 '기업'은 '사회'라는 단어로 수식되는 명사라고 여겨져 왔습니다. 그런데 '그 생각은 틀렸다'고 주장하는 사람들이 있습니다. 사회적 기업이란 사회문제를 해결하는 것이 본래의 목적이고, 사회야말로 주체라는 논리입니다.

　그래서 저는 사회와 기업 사이에 가운뎃점 '·'을 넣은 '사회·기업'이라는 명칭을 생각했습니다. 가운뎃점 '·'은 사회는 사회에 귀속되고 기업은 기업에 귀속된다는 의미로 넣은 것입니다. 지금 우리가 하는 일은, 그야말로 이 가운뎃점이 나타내는 '연결(·)'입니다. 사회가 기업과 연결되는 가운뎃점 '·'이야말로 이노베이션인 셈입니다.

이노베이션이 일어난 뒤의 사회는 이노베이션을 통해 기업이 발명한 새로운 제품이나 시스템과 연결됩니다. 이러한 힘을 우리는 사회를 위해 응용할 수 있고 기업 역시 이노베이션을 통해 새로운 사회적 가치를 찾을 수 있습니다. 기업도 사회에 공헌하고 있습니다. 그런 의미에서 사회와 기업은 '주체'와 '수식'하는 말이 아닌, 가운뎃점 '·'으로 결합된 것이 됩니다. 더욱이 이 연결은 환경이나 거버넌스, 다양한 가치로도 이어져 궁극적으로는 마름모꼴이 됩니다. 그것이 어떤 이노베이션이라도 귀결되는 곳은 같습니다.

이는 대만 정부가 추진하는 '아시아·실리콘밸리 계획'의 가운데에 '·'을 찍어 놓은 것과 같습니다. 대만의 실리콘밸리 계획은 타오위안(桃園)을 거점으로 하여 대만 전 지역을 대상으로 삼고 있습니다. 3년 반 전에 시작된 이 계획은, 특히 실리콘밸리에서 태어난 세계적 기업-구글, 마이크로소프트, 아마존-들이 대만을 시장(Market)으로 바라볼 뿐만 아니라 연구개발의 장으로 삼는 것을 목표로 하고 있습니다. 그리고 3년 반 사이에 제법 긍정적인 성과를 거두고 있습니다. 예를 들어 대만에는 구글의 아시아 최대 연구개발총본부가 위치하고 있고, 백 명 이상의 직원을 거느린 연구개발팀을 둔 기업도 있습니다.

여기에는 태평양에 매설된 광섬유 케이블이 대만으로 직결되고, 홍콩에는 연결되어 있지 않은 점도 주효했을지 모릅니다. 그래서 대만이 이노베이션의 원천이 될 것이라고 평가한 사람도 있습니다. 대만에는 언론의 자유가 있는 반면, 중국에서는 그레이트 파이어월(Great Firewall, 중국의 사이버 보안 프로젝트로 중국 인터넷 정보검열시스템)로 인해 이노베이션 공간이 점차 좁아지고 있기 때문입니다. 홍콩 출신의 친구 중에는 대만에 남아 이노베이션을 이어가고 있는 사람도 있고, 제 사무실에도 원래는 상하이에서 일했던 직원이 몇몇 있습니다.

한편 이 계획은 실리콘밸리를 흉내 내어 아시아에 도입하려는 것도 아니고 실리콘밸리를 아시아에 이전시키고 싶은 것도 아닙니다. 핵심은 실리콘밸리와 아시아를 연결하는 것입니다. 실리콘밸리의 문제를 해결할 수 있는 인재라면 아시아의 사회문제를 해결할 수 있을 것이라는 기대를 담고 있는 겁니다.

반대로 보면, 실리콘밸리에서 일어난 문제를 아시아에서 해결하는 것도 가능합니다. 그러니 이 경우에도 어느 쪽이 수식어인가의 문제가 아니라 서로 연결되어 있는 것이 됩니다. 아시아와 실리콘밸리의 연결, 그리고 사회와 기업의 연결은 실제로는 전혀 관련이 없을지도 모릅니다. 그런데 가운뎃점 '·'을 사용함으로써 각각 형용사와 명사의 관계에서 명사와 명사의 관계가 되고, 나아가 이노베이션으로 연결된 이들 관계는 동등한 수준의 관계로 전환되는 것입니다.

　이것이 바로 '범주론'이라는 학문입니다. 언뜻 전혀 관계가 없어 보이는 주제를 동일하게 다룸으로써 동일하게 좋은 결과를 얻고자 하는 것입니다.

인클루전과 관용의 정신은
이노베이션의 기초가 된다

성질이 완전히 다른 것을 말해보겠습니다. 화학 반응은 물리의 기초이고 화학의 분자식은 물리의 법칙에 근거합니다. 가령 물리와 화학이 전혀 관계가 없다면 물리의 법칙을 화학자가 사용할 수 없고 화학자가 발명한 것을 물리학자가 연구해서는 안 되는 것이 되고 맙니다. 하지만 이론물리학은 실험물리학에서 파생된 것이고 실험물리학은 화학적 방식으로 물리의 이론을 검증합니다. 이 경우 실험물리학자는 이론물리학자와 이론화학자 중간에 서서 양쪽을 연결하는 역할을 해냅니다.

　생명과학 분야에서는 근래 코로나19의 백신을 개발하는데, 이 백신 개발에도 화학 지식이 필요합니다. 만일 화학 지식이 없다면 마이크로 세상에서 바이러스 번식을 방해하거나 새로운 화학 재료로 바이러스가 인체에 파고드는 것을 저지할 수도 없습니다.

또 마스크는 일종의 물리 기술로 제조된 것입니다. 마스크는 판 데르발스(Van der Waals)의 힘(분자와 분자 사이에 작용하는 약한 인력)을 이용하여 마스크 표면에 있는 물리적 물질이 미세한 바이러스 분자를 흡착함으로써 바이러스의 침입을 막는 구조로 되어 있습니다.

즉 생명과학 분야에서도 약과 백신, 마스크 각각에 물리와 화학 지식이 필요합니다. 이런 지식이 있어야 비로소 어떻게 개발할 것 인지를 생각할 수 있습니다. 이처럼 물리와 화학은 성질은 다르지 만 서로 관련되어 있습니다.

한편 종교 중에는 사람과 사람의 차이를 장려하는 종교도 있습니다. 하지만 불교에서는 모든 생물의 평등을 강조합니다. 도교에 서는 사람의 수만큼 신이 있다고도 합니다. 그러면 내가 믿는 종교 의 신과 당신이 믿는 신 중 어느 한쪽만 골라야 하는 극단적인 상 황에는 처하지 않기 때문에 불교와 도교는 비교적 포괄적인 종교 라고 할 수 있습니다.

실제로 도교 후기에는 어떤 신이라도 도교에 들어올 수 있게 되 었습니다. 즉 기존의 어떤 종교도 도교를 부정하는 일 없이 도교 와 상호 공존할 수 있습니다. 이와 비슷하게, 제 친구 중에는 민간 신앙을 믿으면서도 교황과 의논하기 위해 바티칸에 간 사람도 있습니다. 만일 교황이 일신교 종교만 인정하는 완고한 태도라면 논의 가 어려웠겠지요.

대만에는 인클루전 혹은 관용의 정신이 있습니다. 그렇기 때문에 정신과 신앙의 면에서도 사람들과 협조하고 발전할 수 있습니다. 또한 자신과는 다른 신을 믿는 사람을 적으로 간주하지도 않습니다. 다른 종교의 신을 잘 모르기 때문일 수도 있지만 그러한 다른 신앙에 대해서도 '알려고' 하는 태도를 가지는 것이 보다 포괄적인 사회로 나아가는 열쇠가 되어줄 것입니다. 이러한 생각은 인클루전 혹은 관용의 정신에 의해 지탱되고 있습니다. 그러한 뒷받침이 있기 때문에 소셜 이노베이션은 보다 수월하게 진전된다고도 할 수 있습니다.

세 가지 키워드: 지속 가능한 발전, 이노베이션, 인클루전

앞으로의 세계를 여는 열쇠는 AI, 5G, 클라우드, 빅데이터와 같은 기술이 아닙니다. 모든 것은 '지속 가능성'을 실현하기 위해 무엇이 필요한지의 시점에서 바라보아야 합니다. 현재 대만 교육의 기초를 이루는 자발성, 상호이해, 공화(共好)[34]와 같은 개념도 지속 가

34　* 여러 사람이 공동으로 일을 하는 것을 의미한다. 정치 용어 중, '공화정'의 '공화'와 동일하다.

능성을 실현하기 위한 키워드입니다.

향후 기업의 과제라고 할 수 있는 DX(Digital Transformation, 디지털 전환)에서도 가장 중요한 것은 지속 가능한 발전이며 누구도 소외되지 않는 '인클루전'의 자세입니다. 우리 세대에서 운용된 기술로 인해 다음 세대의 환경이 파괴되어서는 의미가 없습니다. 지구에선 더 이상 살 수 없으니 빨리 화성으로 이주하자고 극단적인 주장을 하며 다음 세대를 고려하지 않는 사람은 없으리라 생각합니다.

또, 저는 대만에서 특히 '이노베이션'을 중시합니다. 이노베이션도 앞으로 세계의 키워드 중 하나가 될 것입니다. 이노베이션이란 새로운 기술로 기존의 사회 구조를 진보시키는 것만은 아닙니다. 우리 사회가 가진 또 다른 가능성이 상상할 수 있도록, 뒷받침해주는 것입니다. 그렇기 때문에 이노베이션도 매우 중요한 키워드라고 생각합니다.

다만 이노베이션을 추진할 때 제가 항상 강조하는 말은 '근소한 부분 혹은 소수를 위한 이노베이션에 의해 약자를 희생시켜서는 안 된다'는 것입니다. 오히려 이노베이션은 보다 약한 존재들을 우선하여 제공되어야 하는 것이며 그것이야말로 누구도 소외시키지 않는 '인클루전'이 됩니다. 우리 사회에 각양각색의 사람들이 살고 있음을 잊어서는 안 됩니다.

예를 들면 타이베이역 광장 바닥에는 웃는 얼굴의 스마일 일러스트가 가득 그려져 있고 다양한 언어도 쓰여 있습니다. 이것은 바닥에 앉는 일을 몰지각하다고 생각하지 않도록 하는 배려입니다. 타이베이역 광장은 누구나 앉아도 되는 장소입니다. 어떤 언어로 이야기하는 사람이라도 자유롭게 이용해도 되는 장소입니다. 이러한 배려가 이루어진 배경에는 언어가 통하지 않아서 발생하는 다른 나라 사람들과의 트러블이 있었습니다.

현재 대만은 필리핀과 인도네시아, 베트남 등에서 건너오는 많은 이주 노동자를 받아들이고 있습니다. 대부분의 경우 남성은 공사 현장이나 공장 등에서 일하고 여성은 간병인이나 가정부로 종사합니다. 주말이 되면, 그들은 교통이 편리하고 에어컨이 돌아가는 타이베이역 광장에 모여 앉아 들고 온 고향 음식을 나누며 담소를 즐기곤 했습니다.

그런데 최근 코로나19 감염 방지 대책도 있고, 외국인이 많이 모여 있는 광경이 불편하다는 시민들의 불만이 제기되자 철도국은 광장에 앉는 행위를 금지하기로 결정했습니다. 그런데 정부가 영구적 금지 조치에 제동을 걸었고, 이주 노동자들과 다른 시민들의 항의가 잇따르자 철도국은 광장 이용을 인정하는 쪽으로 방향을 틀면서 앞서 말한 광장 페인팅을 기획한 것입니다.

타이베이역 광장에서 이루어진 이노베이션은 사회의 이노베이션이나 다름없습니다. 이 이노베이션은 사회의 상호 이해를 위한 것이며, 곧 인클루전입니다. 이런 의미에서 앞으로는 지속 가능한 발

4장 소셜 이노베이션 한 사람도 소외시키지 않는 사회 개혁을 실현하다

전, 이노베이션, 인클루전, 이 세 가지가 사회를 전진시키는 중요한 키워드가 될 것이라고 생각합니다.

실제로 대만에서는 '원래 우리는 한민족(漢民族)이었다', '다른 문화와 교류해야 한다'라고 모두가 동일하게 생각하는 것은 아닙니다. '나는 대만이라는 섬의 인간일 뿐이며 바깥 세계는 전부 외국이다'라고 생각하는 사람도 있습니다. 물론 이것도 하나의 사고방식입니다. 그러나 시대가 지나면서, 특히 우리와 같은 비교적 새로운 세대에서는 부모의 언어가 각각 다른 다문화 가정 자녀들도 늘고 있습니다. 이른바 '신대만의 아이들'입니다. 이러한 상황은 시간이 지남에 따라 점차 주류가 될 것이라고 생각합니다.

본래 대만은 매우 다원적인 요소가 공존하는 장소였습니다. 예를 들어 중국어 발음이 다소 이상해도 '너는 대만인이 아니다'라는 말을 듣지는 않습니다. 물론 계엄령 시대에는 그런 일이 있었음을 부정하지는 않지만, 현재 대만은 틀림없이 인클루전의 방향으로 나아가고 있다고 할 수 있습니다. 일례로 대만에는 '국가언어발전법'이라는 법률이 있는데, 20개 이상의 다양한 언어를 국가의 언어로 인정하고 있습니다. 중국어만 공용어인 것이 아니라, 대만어를 포함한 다양한 언어가 국가의 공용어입니다.

또 제 집무실이 있는 연구실에서는 대만의 수화를 가르치는 행사도 여러 번 이루어졌습니다. 저도 수화를 사용하는 사람들과 함께 사진을 찍으며 행사를 응원하고 있습니다. 수화를 잘하지는 못하지만 타인의 수화를 보고 이해하는 부분은 제법 있습니다. 코로나19 대책으로 설치된 위생복리부 지휘센터에서는 매일 오후 2시부터 정례 기자회견을 진행했는데, 지휘관 뒤에는 늘 수화 통역사가 있었습니다. 그 모습을 보고 한두 가지 수화를 익힌 사람도 많다고 들었습니다. 누가 강제로 수화를 외우게 한 것이 아닌데 말입니다. 이 역시 청각장애인이라는 약자를 소외시키지 않으려는 인클루전의 표현이라고 생각합니다. 사회를 발전시키기 위해서는 이러한 관용이 가장 중요합니다.

미래를 모델화하여 여러 방식을 시도하다

디지털 공간은 현실 공간과 전혀 다르다는 점을 디지털의 특징으로 들 수 있습니다. 디지털 공간에는 수많은 다른 가능성을 공존하게 하는 방법이 있습니다. 이러한 관점에서 보면 차세대의 가능성을 승자가 결정한다고 하기는 어렵다고 할 수 있습니다.

예를 들어 현실 세계에서는 하나의 공간에 두 개의 다른 건물을 배치하기 어렵습니다. 어느 나라든 마찬가지겠지만, 대만의 국토계획에서는 전체적인 관점에서 어디에 무엇을 건설할지, 어느 장소에는 무엇이 필요한지를 현실적으로 고려합니다.

자신이 좋아하는 것만 하고, 그걸로 끝난다면 좋겠지만 현실 사회는 마치 벌집을 쑤셔 놓은 것처럼 복잡하고 혼란스럽습니다. 이러한 상황에서는 전체적으로 보았을 때, 자신이 좋아하는 것을 하는 것이 악영향을 미칠 수도 있습니다. 이런 전제로 세계의 모습을 바라보면 디지털화에는 두 가지 이점이 있습니다.

하나는 기획 단계에서 미래가 어떻게 되어 있을지를 모델화할 수 있다는 점입니다. 하고 싶은 것이 있다면 실제로 어떻게 될지를 시뮬레이션할 수 있습니다. 그 결과를 보고 '이 부분은 방법을 수정하자'고 제안하는 것도 가능합니다. 이것은 디지털화의 유익함을 잘 나타냅니다.

두 번째 이점은 디지털 이노베이션과 마찬가지로 중요한데, 디지털화 과정을 거치면 현실 세계의 논리에 의해 이루어진 결과보다 향상된다는 점입니다. 어떠한 결과가 기대와 다를 경우 디지털 방식은 '논리를 바꿔보자', '다른 시스템으로 해보자'와 같이 다른 방법을 새롭게 선택할 수 있습니다. 그리고 다시 시도했을 때 어쩌면 보다 나은 결과가 나올지도 모릅니다. '그 밖에도 여러 방법이 있다. 시도해 보고 싶다'는 의견이 나온 경우 이를 실제 공간에서 실행하려면 여러 걸림돌이 등장합니다. 하지만 디지털 공간이라면 비교적 쉽게 시도해 볼 수 있습니다. 그러한 점에서 디지털화와 디지털 이노베이션에는 이점이 있다고 생각합니다.

디지털화와 디지털 이노베이션은 이 사회에 이미 존재하고 있는 처리 방식과 조직의 가치관을 확대 혹은 강화시키는 것입니다. 그렇기 때문에 지금껏 이야기하고 있는 지속 가능한 발전, 이노베이션, 인클루전과 같은 가치관을 먼저 심어 두는 것이 중요합니다. 왜냐하면 이러한 가치관이 불안정하면 디지털 이노베이션이 이상한 방향으로 흘러가게 될 수도 있기 때문입니다.

예를 들어 자유와 민주주의를 신봉하는 사람에게 전체주의는 부정적인 것으로 여겨지겠지요. 반대로 독재주의를 믿는 사람의 입장에서는 언론의 자유가 부정적으로 보일 겁니다. 어떠한 사안이 긍정적인지 부정적인지는 누구에게 물어보느냐에 따라 달라지는 셈입니다.

전체주의 아래에서 디지털화를 이루고 이노베이션을 일으켜 얼굴 인증만으로 한 번에 몇천만 명의 데이터를 확보할 수도 있지만, 그 목적은 민주주의가 원하는 것과는 전혀 다른 것이 되겠지요. 그러므로 디지털화와 디지털 이노베이션이라는 프레임으로 민주주의와 전체주의를 일률적으로 논할 수는 없습니다.

우리는 그 점을 착각하지 않기 위해서라도 우선 지속 가능한 발전, 이노베이션, 인클루전이라는 세 개의 깃발을 들고 나아가야 할 방향에 대한 공감대를 형성할 필요가 있습니다.

적극적인 디지털화로
DX 속도를 높여가고 있는 대만의 중소기업

대만과 일본에는 중소기업이 많다는 공통점이 있습니다. 대만의 중소기업은 공급망의 유연성이 매우 높다는 특징이 있습니다. 예를 들어 어딘가에서 매입을 하려고 하는데 재고가 부족하면 두 번째, 세 번째, 네 번째 예비 공급망을 이용할 수 있습니다.

이러한 특징은 정부 주도로 마스크 생산 기계를 제작했을 때에도 적용되었습니다. 마스크 생산 기계를 제작해 준다면 마스크 제조업체가 아니어도 상관없다는 조건을 걸었더니, 항공우주 엔지니어링 전문 회사가 참여하기도 했습니다. 이 회사는 공공의 이익을 추구하기 위해 프로젝트에 참여한 것입니다. 그들은 자사의 전문성을 살려 생산 라인의 최적화를 도와주었습니다.

마스크를 생산하는 전 공정을 살펴보면, 업스트림, 미들스트림, 다운스트림에 다양한 전문가들이 모여 일종의 생태계를 이루고 있다는 것을 알 수 있습니다. 이것이 현재 대만 제조업의 모습입니다.

이 특징은 서비스업에도 해당됩니다. 대만은 새로운 개념, 예를 들어 AI처럼 새로운 기술이 등장하면 TSMC(대만의 세계 최대 반도체 제조사)가 최초로 도입해서 실용화하고 중소기업은 이후에야 이를 흉내 내는 식으로는 돌아가지 않습니다. 반대로 중소기업이 먼저 뛰어듭니다. '우리 회사의 품질관리 부문은 직원이 품질을 체크하는 데 너무 시간이 걸리니 AI로 관리할 수 없을까'라거나 '작업자가 구해지지 않으니 대신해 줄 수 없을까' 혹은 '작업자를 기계로 대체하고 싶을 때 사용할 수 있지 않을까'라고 생각하는 겁니다.

예를 들어 제품 제조 공정에 변수가 너무 많을 경우에, 이전에는 경험으로 처리했습니다. 즉 베테랑 작업자의 경험에 의존한 것입니다만, 그 베테랑이 퇴사 혹은 이직하면 작업에 대해 아는 사람이 아무도 없다는 것이 큰 문제입니다. 그렇다고 해서 견습생을 베테랑 옆에 십 년이고 이십 년이고 두고 배우게 할 수도 없습니다.

여기서 AI에게 베테랑 작업자의 비법을 전수하는 방법을 생각하게 됩니다. AI 견습생이라면 베테랑의 작업을 반 년에서 1년 동안 관찰하면 변수를 조정하는 방법을 익힐 가능성이 있습니다. 중소기업에서는 이처럼 AI를 효율적으로 활용하여 문제를 개선하려고 합니다.

대만에는 AI 학교 같은 것이 있어서 중소기업의 경영자가 이러한 문제 해결을 추진할 수 있는 구조가 마련되어 있습니다. 또 AI를 배우고 싶다며 스스로 연수생의 입장으로 찾아오는 경영자도 있습니다. 연수생은 교과서적으로 문제를 해결하는 것이 아니라, 품질관리의 개선 방법과 수율을 높이는 방법 등 구체적인 문제 해결책을 얻고자 합니다.

우선 AI 학교에서 학습한 사람이 문제의 해결책을 찾아내면 그 결과는 공급망의 재편으로도 이어질 것입니다. 동시에 학습자가 소유한 기업의 DX(디지털 전환) 수준이 한층 높아짐으로써 동종 업계의 타사와도 솔루션을 공유할 수 있게 됩니다. 이를 통해 학습자의 기업 이노베이션은 산업 분야의 수직적인 전수가 아니라 수평적인 확산으로 거듭납니다. 이것이 대만의 중소기업이 가진 하나의 특징이라고 할 수 있습니다.

이노베이션을 추진할수록
창의적인 일이 된다

DX(디지털 전환)를 성공시키는 기본 개념은, 어떻게 엔지니어의 기술과 결합시켜 디지털화를 추진할지, 혹은 사회 전체의 능력을 어떻게 결합시키면 사회의 디지털 이노베이션이 가능할지를 생각하는 것입니다.

　일전에 국립중흥대학에서 강연한 적이 있습니다. 강연회에는 타이중시를 기반으로 한 디지털 컨버전스에 관련된 기업의 경영자가 참석해 있었습니다. 디지털과 유선 TV 콘텐츠를 취급하고 있는 이 기업은 최근에 LINE TV와 제휴를 맺었습니다. 경영자는 자사에서도 케이블 TV(대만에는 100여 개 이상의 케이블 TV가 난립하고 있다)를 보유하고 있는데, 소위 경쟁 상대라고 할 수 있는 새로운 기술인 LINE TV와 종래의 전통적인 케이블 TV 콘텐츠의 양쪽을 앞으로 어떻게 결합해 나갈 수 있을지가 고민이라는 이야기를 들려주었습니다. 저는 디지털 이노베이션에 근거하여 볼 때, 케이블 TV처럼 오래된 형태와 최신의 LINE TV를 결합시키는 것은 충분히 가능할 뿐 아니라 오히려 굉장한 아이디어라고 생각했습니다.

어느 은행의 상황을 예로 들어보겠습니다. 각 은행은 이번 코로나19로 인해 영향을 받은 기업을 대상으로 정부의 위탁을 받아 긴급 대출을 실시했습니다. 다만 심사 작업이 복잡해서 보통은 일정 정도의 건수밖에 처리할 수 없었습니다. 반면, 이 은행은 정부에서 은행에 위탁한 건수 중 4분의 1에 이르는 대출 건을 맡았습니다. 그런 일이 가능했던 것은, 이 은행이 심사를 AI화하고 있었기 때문이었습니다.

가령 어떤 사람이 대출 신청을 했다고 합시다. 이 사람은 이전에 여러 번 대출 심사를 통과한 바 있고, 그때와 조건이 바뀌지 않았습니다. 즉, 다시 심사할 필요가 없는 겁니다. 이 은행에서는 이런 경우를 AI 심사로 전환했습니다. 그랬더니 실제로 대출 신청을 하는 사람 중 3분의 1이 동일한 상황이었기 때문에 심사 내용을 일일이 자세히 살펴볼 필요가 없어졌습니다.

그 결과 은행 업무의 3분의 1에 해당하는 작업을 AI가 대행할 수 있게 되었습니다. 이렇게 해서 AI를 활용한 대출 신청 심사라는 새로운 방법이 마련되었습니다. 그리고 사람은 보다 혁신적인 일에 집중할 수 있게 되었습니다.

또 한 가지 예를 들어보겠습니다. 어느 산업용 기계를 제조하는 업체는 지금까지 기계에 센서나 통신기기 등을 설치하지 않았습니다. 그래서 제조 도중의 수율이나 수리 필요 여부, 혹은 생산 라인의 어느 곳을 개선하면 효율이 높아지는지 등을 파악할 수 없었습니다. 이러한 정보를 파악하기 위해 이 업체는 AI를 활용한 시스템을 독자 개발하였고 이를 통해 사업에서 상당한 진전을 이루게 되었습니다.

언급한 사례들은 미디어, 서비스, 제조업이라는 세 분야의 산업에서 어떻게 디지털 이노베이션이 이루어져 왔는지를 이해하는 적절한 본보기입니다. 은행 업무의 3분의 1에 달하는 업무를 AI가 자동으로 처리할 수 있다는 것은 대단한 일입니다. 다만 이 사례에 한해서 말하자면, AI는 나머지 3분의 2의 업무를 아직 해본 적이 없기 때문에 신뢰하고 맡길 수 없습니다. 결과적으로 나머지 업무는 경험을 가진 사람이 판단해야만 합니다. 이는 실제 은행에서 일어나는 사례로 중흥대학에서도 이야기했지만, 'AI가 사람의 일을 뺏는다'는 말은 조금 과장된 표현이라는 것입니다.

예를 들어 컴퓨터가 있어도 데이터를 분석하는 애널리스트의 일은 필요합니다. 이미 자동 레이아웃이라는 시스템이 존재하지만 편집 작업은 사람의 손으로 해야 합니다. 'AI를 도입하면 사람의 직업이 사라진다'는 일은 있을 수 없습니다. 업무 중, 중복성이 높은 부분은 AI나 기계에게 맡기는 방식으로 바뀔 뿐입니다.

　AI가 대신하게 된 일을 원래 담당하던 사람은 이제, AI를 유도하고 훈련시켜 새로운 장치에 추가할 부분은 없는지 찾아내는 일을 시작하면 됩니다. 얼마든지 대체될 수 있는 일을 구태여 나서서 하고 싶은 사람은 없겠지요. 이런 일에는 성취감도 없을 것입니다. 그러므로 AI나 기계에게 맡기면 되는 겁니다. 다시 말해 이노베이션을 실행하면 할수록 사람의 일은 보다 창의적으로 되어가는 것입니다.

AUDREY TANG

5장

프로그래밍 사고:
디지털 시대에 도움이 되는
소양을 지니다

DIGITAL & AI

제가 예술 교육을 중시하는 이유는 기존의 가능성에 얽매이지 않게 하기 위해서입니다. 예술(Art)이란, 자신이 바라본 미래의 어느 부분을 타인에게 보여줌으로써 미래의 가능성을 열어가고자 하는 것이기 때문입니다. 만일 과학과 기술밖에 배우지 않는다면 누구나 천편일률적으로 단순 암기한 표준 답안만을 알게 될 것입니다. 그런 의미에서 과학과 기술만으로 사회의 구조적인 문제를 바꾸기란 지극히 어렵습니다. 이때 기존의 틀을 벗어나서 창의력을 발휘하는 것이 매우 중요합니다. 이러한 창의력을 기르려면 미의식이나 예술적 사고(Art Thinking), 디자인 사고(Design Thinking)와 같은 요소가 관건이 될 것이라 생각합니다. 덧붙여 문학적 소양도 중요합니다.

도시와 지방의 교육 격차를 바로잡는
디지털 학습 파트너

1장에서 대만은 지방에 5G를 우선적으로 설치하고 있다는 이야기를 했습니다. 그 목적 중 하나로서 '도시와 지방의 교육 격차 해소를 도모한다'를 들 수 있는데, 5G를 우선적으로 설치하는 것은 하나의 방법일 뿐입니다. 대만은 이외에도 다양한 방법을 시도하고 있습니다.

예를 들어 지방에 사는 아이들은 도시에 사는 아이들에 비해 다양한 경험을 할 기회가 적습니다. 따라서 장래의 다양한 가능성을 상상하기 어려운데, 이때 선생님이 직업 상담사의 역할을 맡아 다양한 장래의 진로를 제시합니다. 또 가정에 문제가 있거나 결손가정인 경우, 저녁이 되면 선생님이 보호자로서의 역할을 해야 할 수도 있습니다. 이러한 사례들은 지방에서 흔히 볼 수 있습니다.

이처럼 도시의 선생님과는 다른 역할과 일을 해야 하는 지방의 선생님은 노고가 많습니다. 우리는 그 수고를 덜어주기 위해 '디지털 학습 파트너'라고 부르는 사람들을 배치하고 있습니다. 디지털 학습 파트너는 도시의 대학생들이 디지털 기기를 통해 지방에 사는 학생들과 함께 학습하는 시스템입니다. 디지털 학습 파트너가 된 대학생은 지방 아이들이 경험해 보지 못한 세계와 다양한 생활 방식을 가르치면서 아이들의 상상력을 자극합니다.

선생님들은 이 시스템을 통해 업무 및 심리적 부담감을 경감할 수 있습니다. 디지털 학습 파트너가 전문 교사를 대신하는 것은 아니지만 디지털의 힘을 활용하여 지방이 안고 있는 문제를 해소하는 데 도움을 주고 있는 것입니다.

도시와 지방의 교육 격차를 바로잡기 위한 이런 노력이 공공 부문에서만 이루어지고 있는 것은 아닙니다. 민간에도 다양한 성공 사례가 있음을 소개하려고 합니다. 예를 들어 'TFT(Teach for Taiwan)'라는 벽지를 중심으로 교육을 실시하고 있는 NPO(비영리조직)가 있습니다. TFT는 대학에서 교원 자격을 취득했지만 결원이 없어 정규 교사가 되지 못한 졸업생을 모집하여 벽지로 파견합니다. 타이둥(台東)에서는 TFT에서 파견된 선생님이 사설 학원의 형태로 교육을 실시합니다.

대만 사람들이 대단한 점은, 정부가 정책을 시행하기를 기다리지 않고 필요하다고 생각하면 민간에서 먼저 나서서 시작하는 속도와 힘을 가졌다는 것입니다. 예전에 어머니가 친구와 함께 타이야족(대만의 선주민)의 신현부락(信賢部落) 근처에 '종자(種子)학교'라는 일종의 실험학교를 설립하였는데 이 역시도 목마른 자가 우물을 파듯이, 정부가 느리다면 필요한 우리가 나서자는 생각이 담긴 적절한 사례 중 하나입니다.

이렇게 민간에서 노력한 결과, 현재는 실험 교육에 관한 세 가지 법안이 통과되어 실험학교에도 통상적인 제도로 운영되는 학교와 동일한 수준의 자율성이 주어지게 되었습니다. 특히 선주민이 거주하는 지역에는 자신들의 특색을 가진 실험학교의 설립이 이어져 성공을 거두고 있습니다. 원주민족위원회(선주민에 관련된 모든 업무를 소관하는 정부기관)에서도 실험학교에 많은 지원을 하고 있습니다.

타이베이의 냉방이 잘 되는 어느 교실에 틀어박혀 지방이 안고 있는 문제를 어떻게 해결할 것인가를 탁상공론하기 전부터 이미 많은 사람이 현장에 나가 문제를 해결하고 있습니다. 우리는 현장에 있는 사람들을 위해 자원을 확보하고 법률상의 장벽을 제거하는 일을 도와야 합니다.

지금 소개한 디지털 학습 파트너나 선주민 교육 등에 대한 예산은 정부에서 나옵니다. 그 예산이 어떻게 쓰이는지는 정부의 예산 감독 플랫폼을 통해 점검할 수 있도록 하고 있습니다. 이처럼 대만에서는 디지털을 이용하여 공정한 형태로 교육의 평등을 확보하려는 노력이 이어지고 있습니다.

온라인 수업의 편리성과 가능성

대만은 코로나19 대책으로 신학기 시작을 2주간 늦추고 여름방학도 2주간 늦춰 시작하기로 했을 뿐 휴교는 시행하지 않았습니다.

가장 큰 변화는 밀집(密集)을 멀리했다는 것입니다. 또한 대면 토론을 실시하는 수업은 온라인을 활용하여 비대면으로 전환했는데, 대면 토론을 하려면 마스크를 껴야 하고 이러면 상대의 표정을 알 수 없기 때문입니다. 그러나 온라인 비대면 화상 토론은 혼자서 컴퓨터 앞에 앉아서 마스크를 벗고 이야기할 수 있을 뿐만 아니라, 각자의 표정도 볼 수 있습니다.

하지만 온라인 수업이라고 해서 아이들이 각자의 집에서 학교에 접속하는 형태로만 이루어지는 것은 아닙니다. 대만은 이전부터 소규모 클래스와 그룹을 나누어 위성처럼 각각 다른 장소에서 큰 교실 공간과 연결하는 형태의 온라인 수업을 자주 실시했습니다. 현재, 이전보다 비디오 관련 기술이 발달하여 영상이 선명하지 않거나 음성이 끊기는 문제도 없어졌습니다. 컴퓨터를 켜고 접속하면 서로의 얼굴이 또렷하게 보이니까 온라인 수업의 폐해를 느끼지 않고도 수업을 진행할 수 있습니다.

수업의 디지털화에도 실로 다양한 형태가 있습니다. 예를 들어 영상 채팅이나 두 개의 교실을 합친 더블 룸, 선생님 한 명은 담임을 맡은 교실에 있고 전문 과정의 선생님이 다른 교실이나 스튜디오 등 떨어진 장소에서 수업을 진행하는 더블 티처와 같은 방법은 모두 공간이라는 제약을 없애기 위해 생각해낸 방법입니다. 즉 다른 공간에 있어도 같은 시간을 공유하는 것입니다.

정무위원으로 임명되기 전, 대만의 한 TV 방송국에서 아이들과의 인터뷰 요청을 받은 적이 있습니다. 그때 저는 프랑스에 있었기 때문에 인터뷰는 VR 스튜디오에서 진행되었습니다. VR 내에서 저는 3D 스캔을 통해 초등학생과 비슷한 키를 가진 캐릭터로 만들어졌습니다. 카메라맨들이 다양한 각도에서 저를 촬영한 영상을 인형처럼 꿰매고 또 다른 기법으로 관절을 조절하니 제가 손을 움직이면 가상공간 안의 저도 똑같이 움직였습니다.

이렇게 함으로써 아이들은 키가 180센티미터나 되는 저를 올려다보며 이야기하지 않고 동일한 눈높이에서, 보다 친숙하게 이야기할 수 있었습니다. 이 모든 것은 아이들에게 친근감을 주려고 생각해낸 장치였는데, 미리 녹화된 영상을 보는 것보다 심리적 거리감을 좁힐 수 있었습니다. 이것도 디지털화 수업의 한 형태라고 할 수 있겠지요. 이처럼 교육 방법에도 디지털을 활용한 다양한 가능성이 나타나고 있습니다.

중요한 것은 아이들의 관심이 어디에 있는지 어른들이 이해하는 것

온라인 학습의 성공은 학습 진도에 의해 좌우된다고 생각합니다. 연구 과제의 방향성이 명확하다면 어떤 연구 자원에 접근하면 좋을지 정할 수 있기 때문입니다. 또 공통의 문제점에 대해 학생이나 연구자를 모아 해결하고자 할 때는 온라인이 보다 나은 선택지일 수도 있습니다. 미리 많은 서면 자료를 교환해 둠으로써 자신들의 의견과 관점을 한층 더 명확하게 표현할 수 있기 때문입니다. 이는 분명한 온라인의 이점입니다.

다만 초기 학습 단계에서 명확하게 연구의 방향성을 찾지 못한 채, 온라인을 이용하면 상대의 연구가 가지는 의미를 이해하지 못할 가능성이 있습니다. 이 경우에는 어느 정도 수준에 이르기까지 집이나 지역 학습을 통해 자신이 흥미를 가지는 것이나 해결하고 싶은 문제를 찾는 것이 좋겠지요. 이러한 기초적인 학습은 오히려 온라인 화면을 통해서는 불가능한 경우도 있습니다.

또 실습이나 실제 구현 등을 동반하는 학습은 오프라인 대면 수업이 적합합니다. 예를 들어 '어떤 비료를 주고', '어떻게 씨를 뿌리면 되는지'를 알고 싶으면 인터넷으로 농업 이론의 기초를 학습하면 됩니다. 어쩌면 아주 쉽게 배울 수 있겠지요. 하지만 실제로 밭에 나가거나 가축과 함께 지내는 경험은 인터넷으로는 제대로 쌓을 수 없습니다. 이렇듯 실기나 조작의 측면에서는 아직도 인터넷 기술만으로는 부족한 것이 사실입니다.

다만 토론을 하거나, 이론을 학습하거나, 추상적인 것을 배우는 지식의 측면에서는 오히려 실제로 대면하는 것보다 인터넷을 통하는 편이 명확하게 배울 수 있다고 생각합니다. 온라인에서는 반복 학습을 할 수 있고, 자신의 속도로 학습할 수 있습니다. 그리고 학

5장 프로그래밍 사고 디지털 시대에 도움이 되는 소양을 지니다

습을 통한 성과 및 과제는 지식교육 채널 등을 이용하여 비교적 쉽게 전달할 수도 있습니다.

가장 중요한 것은 반드시 이렇게 해야 한다거나 이것을 공부해야 한다는 것이 아니라 특정한 방향성을 설정하지 않고 학습하는 것, 그리고 어떻게 호기심을 가질 것인가입니다. 스스로 호기심이 생겨날 때, 앞서 말한 서로에게 공통의 가치를 가지는 학습 방법으로 이행하면 되는 것입니다.

그러므로 모든 것은 학습을 하는 본인에게 달렸습니다. 아이에게 흥미 있는 것이나 해결하고 싶은 문제가 있는지 물어보고 아이가 적극적으로 '있다'고 대답한다면 온라인을 이용한 학습 방법을 이용하고, 아직 찾지 못했다면 다른 학습 방법을 이용하면 되는 겁니다.

이때 중요한 점은 아이가 흥미를 가진 것을 망가뜨리지 않는 것입니다. 아이가 무언가에 흥미를 가졌을 때 바로 격려해 주어야 합니다. 대만의 부모들은 '의사가 되었으면 좋겠다', '간호사가 되었으면 좋겠다', '엔지니어가 되었으면 좋겠다'처럼 아이에게 바라는 이상향이 있습니다. 하지만 아이의 관심사는 부모가 원하는 직업과 일치하지만은 않습니다. 의상 디자이너가 되고 싶을 수도 있는데 '의사가 되어라, 간호사가 되어라, 엔지니어가 되어라'고 말하는 것은 의미가 없습니다. 자칫하면 양쪽 다 흥미를 잃게 될지도 모릅니다.

아이의 관심을 망가뜨려버리면, 결국 성적도 좋아지지는 않겠지요. 역시 본인이 흥미 있는 것을 격려하고 지지해 주는 것이 가장 좋은 방법이라고 생각합니다.

흥미나 관심사를 찾지 못했다면
대학 진학은 의미가 없다

대만에서는 새로운 지도 요강이 마련되어 고등학교를 졸업하는 3학년은 대학에 진학하는 대신 바로 사회에 진출해도 되고, 이후에 무언가를 배우고 싶을 때 다시 대학 진학의 길로 돌아올 수 있게 되었습니다. 평생 학습이라는 프로세스를 고려하여 언제든지 대학에 갈 수 있도록 한 것입니다. 대학 입학의 길은 늘 열려 있으므로 고등학교 졸업 시점에 무리하게 진학할 필요는 없습니다. 실제로 열여덟 살의 많은 젊은이는 그렇게 생각하고 있습니다. 여기서 문제는 부모는 그렇게 생각하지 않는다는 점입니다. 부모 세대는 '적어도 앞으로 4년은 공부해서 우선 학위를 따야 한다'고 생각합니다.

그렇지만 다음 입법원에서는 열여덟 살을 성년으로 정하는 법안이 가결될지도 모릅니다. 가결된다면 부모가 대학에 보내고 싶어 할지라도, 아이가 '1, 2년 기다려 달라'고 말할 수 있게 되지 않을까요? 아이와 부모가 동등한 성년의 입장에서 자신의 입장을 당당히 말할 수 있을지도 모릅니다.

저는 중학교를 중퇴하고 인터넷으로 독학을 했지만 그렇다고 고등학교나 대학에 진학하는 게 의미 없다고 생각하지는 않습니다. 고등학교에 진학하는 의의는 자신이 어떤 문제를 해결하고 싶은지, 그 관심사를 찾는 데 있다고 봅니다. 지금의 고교제도는 학습 과목이 선택제로 되어 있으므로 자신이 직면해 있는 상황과 문제의식, 관심 대상을 모두 고등학교에서 배우는 과목에 대입해 볼 수 있습니다. 이 과정을 통해 자신이 사회의 어느 곳에 관심을 가지고 있는지, 사회의 요구를 어떻게 받아들일지, 공통의 가치관을 어떻게 만들어낼지 등을 생각하면서 배울 수 있습니다.

마찬가지로, "대학의 어느 학부에서 공부하면 좋겠느냐?"는 질문을 받으면 저는 항상 "무엇을 공부하면 좋을지 모른다면 아직 공부를 시작하지 않는 것이 좋다"고 대답합니다. 자신이 해결하고 싶은 문제가 있다면 그 문제를 파고들면 되지만, 자신의 방향성이나 문제를 찾지 못하고 표류하는 상황이라면 대학에 가도 아무런 도움이 되지 않습니다.

이전에는 유튜버로 활동하는 것이 개인적인 취미로 받아들여졌는데 최근에는 하나의 직업으로 자리 잡았습니다. 유명한 유튜버 중에는 텔레비전에 나오는 연예인보다 돈을 잘 버는 사람도 있습니다. 지금의 유튜버는 누군가의 보조 역할을 할 필요도 없고 자신의 채널을 만들어 인기를 얻으면 바로 유명해질 수 있습니다. 실제로 대학 재학 중이거나 막 졸업한 사람 중에서도 유튜버로 자립하여 학비 대출을 전부 갚은 사람도 있습니다.

그렇다면 더 이상 무슨 말이 필요할까요? 자신이 흥미 있는 대상을 찾아 그것을 배우고 일로 이어나가면 되는 겁니다. 반대로 자신이 흥미나 관심을 가지는 대상이 아무것도 없다면 굳이 대학에 갈 필요는 없습니다. 그렇기 때문에 자신의 흥미나 관심이 어디에 있는지를 찾아내는 것이 선결 과제가 되는 것입니다.

다양한 학습 도구로 학습하는, 평생에 걸친 학습 능력이 중요해진다

일찍이 대만에서는, 많은 고등학교와 대학에 야간반이 있었습니다. 이후 평생교육의 일환으로 휴일이나 여유 시간을 이용하여 학습할 수 있는 학교, 예를 들어 '국립공중대학'(우리나라의 방송통신대학에 해당)과 통신교육이 자리 잡았습니다. 지금은 인터넷 교육까지 더해져 다양한 학습 기관 선택지가 생겨났습니다.

앞으로의 시대는 평생에 걸친 학습 능력이 중요해질 것이라고 확신합니다. 다양한 분야를 배움으로써 즐거움을 찾을 수 있다면 인생의 폭은 좀 더 넓어질 것입니다. 즐기면서 배우는 것은 결코 나쁜 것이 아닙니다.

학습에 '이래야 한다'는 정의는 없습니다. 각자의 우수함에 대한 정의는 광범위하기 때문입니다. 그러므로 '이런 방식을 취하는 것은 우수하지 않다'고 쉽게 단정 지어서는 안 된다고 생각합니다. 가정과 학교뿐만 아니라 기업에서도 마찬가지입니다. 대만은 국민국가이자 민주국가이므로 결코 사람을 안이하게 평가해서는 안 됩니다.

예순의 나이에 은퇴를 해도 대부분의 대만인은 창업을 하거나 봉사활동을 합니다. 오히려 정년 후에 황금기를 맞이한다고 볼 수 있습니다. 회사는 그만두지만 단순히 그냥 쉬는 것은 아닙니다.

예를 하나 들어볼까요? 1999년 발생한 921 대지진 이후 이런 일이 있었습니다. 일본의 건축가인 반 시게루(坂茂)가 자신의 작품인 《종이교회[35]》를 분해하여 대만에 보낸 뒤 다시 조립하여 대만 중부의 난터우현(南投縣)에 설치했습니다. 당시 매우 쇠퇴한 곳이었던 그 지역은 '종이교회'의 설치를 계기로 인기 관광 명소가 되었습니다. 수많은 관광객이 찾아와 지역 산업에 큰 도움이 되었습니다.

이 안건에는 많은 사람이 관여되어 있었는데, 특히 은퇴 후 시간에 여유가 있는 사람들이 현역 못지않게 열심히 활약해 주었습니

---

35   * 종이를 건축 재료로 삼아 만든 교회. 정확한 명칭은 '타카토리 가톨릭 교회'이다. 1995년 일본 고베에 지었던 것으로 쉽게 해체하고 재조립할 수 있어, 대만 921 대지진 당시 현장으로 옮겨져 재사용되었다.

다. 우리는 그들에게 '황금성투사'라는 이름을 붙였습니다. 일본의 애니메이션《세인트 세이야(聖闘士星矢)》에서 따온 이름입니다. 그들은 지역 만들기에 큰 공헌을 하고 있습니다.

　대만에서는 이런 삶의 방식이 일반적입니다. 일하면서도 창업을 하거나 일찍이 은퇴한 후 창업을 하는 등 다양한 방법이 있습니다. 제 아버지도 은퇴 후에 비영리 교육 활동에 종사하며 대만 전 지역을 찾아다니고 있습니다. 그런 의미에서 저도 서른세 살에 직장에서 은퇴하고 지금은 공익을 위해 즐기면서 일하는 셈입니다.

　대만에서는 많은 사람이 '공중대학'이나 통신교육과 같은 학습 도구를 이용하여 사회에 나온 후에도 다시 배우는 경험을 하므로, 아이들의 인터넷 학습을 잘 이해합니다. 현재는 EMBA(Executive MBA) 학위를 인터넷으로도 취득할 수 있게 되었습니다. 이러한 경험이 있으면 자연스럽게 인터넷 교육의 장점도 이해할 것입니다.

디지털 기량보다 소양을 중시하다

저는 디지털에 관한 기량(Skill)과 소양은 절대로 같은 것이 아니라고 생각합니다. '기량'은 일정한 조건에서 원하는 것을 시간 내에 신속하고 정확하게 해내는 능력입니다. 특정 조건하에서 시간 내에 일을 완성시키기 위한 구조를 설계할 수 있다는 것은 훌륭한 능력입니다.

하지만 저는 그러한 기량보다 '소양'(평소 학습을 통해 익힌 교양과 기술)을 중시합니다. 왜냐하면 대부분의 아이가 미디어의 단순하고 수동적인 독자가 아니기 때문입니다. 실제로 아이들은 창작자이기도 합니다. 어쩌면 저보다 SNS 팔로워 수가 많은 아이도 있을지 모릅니다.

저는 아이들이 이노베이션의 파트너가 되길 바랍니다. 지시를 받고 나서야 정보를 찾기 시작하는 아이들이 되지 않기를 바랍니다. 그러려면 '기량'이 아닌 '소양'이 필요합니다. 아이들이 흥미를 가지는 문제나 공적인 문제를 해결하는 것 이외의 목적으로 프로그래밍 언어를 배우는 것은 외국어를 배울 때 사전에 실려 있는 단어를 의미 없이 달달 외우는 것과 같습니다. 지식을 습득할 순 있지만 이런 행위가 반드시 도움이 되는 것만은 아닙니다. 자신의 관심사를 제쳐두고 프로그래밍 언어를 배우려는 것도 이와 같은 행위입니다.

다만 프로그래밍 언어가 아니라 프로그래밍 사고를 배우는 것이라면 이야기는 달라집니다. 프로그래밍 사고란 하나의 문제를 몇 개의 작은 단계로 분해하고, 많은 사람이 공동으로 해결하는 프로세스를 배우는 것입니다. 처음부터 끝까지 혼자 힘으로 해결법을 생각하는 방식과는 다른 방법을 배움으로써 어느 분야에도 통용되는 문제 해결법을 익힐 수 있습니다.

제가 학생이라면 선생님께 프로그래밍 사고, 즉 하나의 문제를 작은 문제로 나눠 여럿이 공동으로 해결하는 방식을 다른 교과 수업에도 적용해 주기를 바랄 것입니다. 요컨대 프로그래밍 교육은 아이들에게 프로그래밍 언어를 억지로 암기시키는 것이 아니라는 겁니다.

대만은 수년 전부터 소학교와 중학교에서 프로그래밍 교육을 실시하고 있습니다. 정확히 말하면, 각 학교가 프로그래밍 교육을 실시할 것인지 자율적으로 판단하여 행하도록 하고 있습니다. 중학생 단계가 되면 점차 전문적인 프로그래밍 과정을 배웁니다. 그에 반해 소학교에서는 프로그래밍을 위한 소양을 기르는 과정을 중시합니다.

프로그래밍 소양을 기르는 과정이란 각 과목에서 선생님들이 가르치는 내용을 프로그래밍을 이용하여 가르치는 것을 가리킵니다. 예를 들어 키보드 건반을 연주할 수 없어도 사용할 수 있는 'Scratch'라는 입문용 프로그래밍 소프트웨어가 있습니다. 이 소프트웨어는 음표 형태로 된 블록을 태블릿이나 모니터에서 드래그 앤 드롭만 해도 여러 가지 멜로디를 연주합니다. 그러므로 음악 수업에서 이 프로그래밍 소프트웨어를 활용할 수 있습니다.

이처럼 프로그래밍을 교과와 분리하여 따로 배우지 않고 수업 중에 실제로 구현하는 것이 중요합니다. 선생님부터 '나와 컴퓨터가 함께 하나의 멜로디를 만들어 낼 수 있다'는 감각을 길러야 합니다. 바로 이것이 프로그래밍 사고라는 소양을 가진 아이들을 키워내는 길로 이어지는 것입니다. 초등학생에게 프로그래밍 용어를 강제로 외우게 하는 것과는 전혀 다릅니다.

가장 간단한 프로그래밍은 비유하자면 집 짓기 놀이와 같습니다. 'Scratch'라는 프로그래밍 소프트웨어는 프로그래밍 언어를 외울 필요가 없기 때문에 아이들이나 나이가 있는 분에게 적합합니다. 새하얀 도화지에 처음부터 그림을 그리는 것이 아니라, 이미 그려진 그림을 스스로 다듬어서 완성시키는 것과 같습니다. 예를 들어 호랑이 두 마리가 그려진 그림에 한 마리를 추가해서 세 마리로 만들고 싶다면 이미 그려진 호랑이를 복사해서 붙여 넣으면 완성됩니다.

이렇게 말하면, 자기 힘으로 작품을 처음부터 완성해야 성취감을 얻을 수 있지 않겠냐고 생각하는 사람도 있을지 모릅니다. 하지만 지금은 전문 개발자도 처음부터 끝까지 혼자 힘으로만 프로그램을 완성하진 않습니다. 대부분의 경우, 다른 이가 80, 90%까지 작성한 프로그래밍을 수정하면서 프로그램을 완성합니다. 이러한 방법이라면 단기간에 성취감을 얻을 수 있습니다. 저는 프로그래밍 소양을 가진 아이들을 키우기에는 이러한 방법이 더 좋을 것이라고 생각합니다.

여덟 살 때 분수의 개념을 가르치는
프로그램을 작성하다

지금 단계에서 대만의 프로그래밍 교육이 성공했는지를 판단하기에는 아직 이른 감이 있지만, 성공했다고 여겨지는 점이 제법 있습니다. 그중 하나는, 도시와 시골이라는 지리적 조건의 차이가 느껴지지 않도록 어느 곳에나 고속 인터넷 회선이 설치되어 있어, 프로그래밍에 관심이 있는 아이들이 환경(컴퓨터, 인터넷 회선, 가르칠 수 있는 교사의 유무 등)에 구애받지 않고 배울 수 있다는 점입니다.

제가 프로그래밍을 배우기 시작한 때가 여덟 살 무렵이었는데, 당시 다니던 초등학교에도 프로그래밍 수업이 있었습니다. 그때는 USB 메모리는 물론이고 플로피 디스크조차 보급되지 않았던 시절이라 카세트테이프로 프로그램을 읽어 들였습니다. 그때, 프로그래밍 수업은 의무 교육이라 우선 모두 참여해야 했지만 누구나 프로그래밍을 배워야 하는 것은 아니었습니다. 프로그래밍을 배우고 싶은 사람만 배우는 방식이었던 겁니다.

흥미가 있으면 자연스레 학습에 적극 참여하고, 재미를 붙이게 됩니다. 프로그래밍에 흥미가 없는 아이들이 프로그래밍에 대한 관심을 아예 잃지 않도록 하는 것이 가장 핵심이기 때문에 무리하게 프로그램을 작성하게 하지 않고 자연스럽게 프로그래밍 사고를 배우게 하는 것입니다. 이런 활동이 초등학교에서 적극적으로 이루어지고 있는 점은 매우 긍정적입니다.

저는 인터넷 사용 이전에 먼저 컴퓨터를 접했고, 여덟 살 무렵에 처음으로 프로그램을 작성했습니다. 분수 계산 방법, 즉 분수의 개념을 가르치는 프로그램이었습니다. 대부분의 아이는 2분의 1과 10분의 5가 같은 값이라는 걸 단번에 알아차리지 못합니다. 2와 1은 느끼고 10과 5는 크다고 느끼기 때문입니다.

제가 작성한 프로그램은 0부터 1까지 직선이 있어서 10분의 5를 입력하면 분수의 위치가 직선상에 풍선으로 표시됩니다. 다시 말해 표시된 풍선이 몇 분의 몇의 위치에 있는지 시각적으로 파악할 수 있습니다.

만일 풍선이 2분의 1 자리에 있다고 하면 대략 0과 1의 중간입니다. 여기에 10분의 5를 입력하고 엔터 키를 누르면 다트가 튀어나옵니다. 이 다트가 풍선에 명중하면 입력한 값과 풍선의 값이 같은 것입니다. 다트가 풍선에 명중하는 것을 보고, 10분의 5는 0과 1의 중간, 즉 2분의 1과 같음을 이해할 수 있습니다.

반대로 10분의 5를 입력했는데 다트가 풍선에 명중하지 않고 풍선의 왼쪽에 꽂혔다면 풍선은 2분의 1의 값이 아닌 것입니다. 여기서 풍선이 정확히 어디에 있는지 확인하기 위해 값을 높여 10분의 6을 입력해 봅니다. 이번에도 다트가 맞지 않고, 다트가 풍선의 오른쪽에 꽂혔다면 풍선은 10분의 5와 10분의 6 사이에 있음을 알 수 있습니다. 단, 분수는 분모와 분자 모두 정수여야 하므로 10의

5.5는 안 됩니다. 여기서 다시 20분의 11은 어떨까 하고 입력했더니 다트가 풍선에 명중합니다. 이렇게 해서 풍선은 20분의 11에 위치 하고 있음을 알 수 있습니다.

제가 만든 프로그램은 이러한 쌍방향 방식으로 분수를 이해시키 는 용도였습니다. 이 프로그램은 동생을 위해 만들어 주었는데, 당 시에 이와 비슷한 학습 프로그램을 여러 개 작성했습니다. 그때 사 용했던 컴퓨터는 아버지가 근무하던 신문사에서 사용되지 않고 있 는 것을 가져다주신 겁니다.

여덟 살 때 저는 종이에 프로그램을 작성했습니다. 그래서 컴퓨 터가 있어야 프로그래밍할 수 있는 것은 아니라고 계속 강조해 왔 습니다. 종이에 프로그램을 작성하더라도 프로그래밍 사고를 키울 수 있습니다.

제가 프로그래밍에 몰두하게 된 이유는 두 가지입니다. 우선, 수 학에 매우 흥미가 있었지만 계산 자체에는 관심이 없었습니다. 지 루하고 성가신 계산을 컴퓨터가 대신해 준다면 수학에만 집중해서 연구할 수 있을 거라고 생각했습니다. 즉 '수고의 절약'이 한 가지 이유입니다.

두 번째로는 자신이 고안한 프로그램을 혼자만의 것으로 머물게 하지 않고 다른 사람과 공유하고 싶었습니다. 예를 들어 어떤 계산 을 한다면, 그 프로세스는 혼자만 알 수 있고 친구와 공유하고 싶 어도 쉽지 않습니다. 하지만 누군가가 분수의 개념을 배우고 싶을 때 제가 만든 프로그램을 사용한다면, 많은 사람이 게임하듯이 분수를 배울 수 있습니다. 다시 말하면, 제가 공유하고 싶은 개념을 프로그램을 통해 보다 많은 사람에게 전할 수 있는 것입니다. 저는 그 점에 매력을 느꼈습니다.

이런 연유로 저는 프로그래밍에 몰두하게 되었습니다.

사회 문제 해결의 기초가 되는 컴퓨팅 사고

제가 중시하는 프로그래밍 사고(프로그래밍 씽킹, Programming Thinking)란, 순전히 프로그램만을 작성하기 위한 능력과 사고가 아닙니다. 바꿔 말하면 '디자인 사고(디자인 씽킹, Design Thinking)' 나 '예술적 사고(아트 씽킹, Art Thinking)'라고 할 수 있습니다.

개발자가 프로그램을 설계할 때 중요한 것은 얼마나 많은 도구를 가지고 있느냐가 아닙니다. 도구를 이용하여 사물을 보는 방법과 복잡한 문제를 분석하는 방법을 훈련하는 것이 중요합니다. 그래야 여러 사람과 공동으로 문제를 해결할 때 필요한 기초 역량을 갖게 됩니다.

바로 이것이 프로그래밍 사고이자 '디자인 사고', '예술적 사고'입니다. 이 접근법을 습득하는 사람이 늘어나면 기후변화 등 보다 규모가 큰 공동의 문제를 보다 많은 사람의 힘으로 해결할 수 있게 됩니다. 큰 숫자와 통계 데이터를 보거나 세계적 규모의 문제에 직면하게 되면 인간이 얼마나 작은 존재인지를 실감할 뿐만 아니라 이런 큰 문제에 대처할 수 없을 것이라고 느낄 수도 있는데, 이는 프로그래밍 사고가 갖춰져 있지 않기 때문입니다.

혼자서 해결하려고 하지 말고 함께 고민하고 해결한다고 생각하면, 대처해야 하는 문제의 규모에 미리 질려 감당하지 못하는 일은 없습니다. 저는 복잡하고 규모가 큰 문제를 파악하는 능력을 키우는 것은 사회에 큰 공헌을 하는 준비가 된다고 생각합니다.

프로그래밍 사고, 디자인 사고, 예술적 사고는 넓은 의미에서 '컴퓨팅 사고'라고 말할 수 있습니다. 이러한 사고방식은 한 사람 한 사람에게 어떻게 접근할 것인지 생각하고 그 사람의 시점에서 어떻게 세계를 바라볼 것인지를 생각하는 토대가 됩니다. 이 토대가 있어야 비로소 공통의 가치관으로 어떻게 집약해 나갈 수 있을지를 생각할 수 있게 됩니다.

앞에서도 말했지만 프로그래밍 사고는 해결해야 하는 구체적인 문제가 있을 때, 먼저 문제를 작은 단계로 분해하고 각각을 기존의 프로그램이나 기기를 이용하여 해결할 수 있도록 합니다. 이것은 문제 안에 있는 공통점을 찾아내는 방법이 되기도 하므로 어떤 곳에서 문제가 해결되었다면 같은 방법을 다른 곳에서도 응용할 수 있습니다. 따라서 컴퓨팅 사고는 문제를 재생산하는 것으로도 이어집니다. 다른 사람과 함께 다양한 프로그램을 이용하여 협력해서 문제를 해결하는 것은 일종의 해체와 재구축의 방법이라고 할 수 있습니다.

컴퓨팅 사고에 기초가 생겼다면 다음은 자신이 관심 있는 분야를 배워 나가면 됩니다. 관심과 흥미가 있는 분야에 대해 전문적으로 배우고 지식과 기술을 습득해 나갑니다. 거듭 말하지만 기본이 되는 것은 프로그래밍 사고이고 디자인 사고이며 예술적 사고입니다.

디지털 사회가 요구하는 세 가지 소양: 자발성, 상호이해, 공화

디지털 사회를 살아가기 위해서는 다음 세 가지 소양이 필요하다고 생각합니다. 무언가를 이루기 위해 마음속에 필요한 요소입니다. 먼저 말해 두자면 이 세 가지 소양은 타인과 비교하여 우열을 가리고자 함이 아닙니다.

첫 번째는 자발성입니다. 누군가의 명령이나 지시를 기다리지 않고 자기 스스로 능동적으로 세상을 이해하고 무엇이 문제인지, 우리는 무엇을 할 수 있을지를 생각하는 소양입니다.

두 번째는 상호이해입니다. 문제 해결에 이르는 과정에서 타인과의 공유를 꺼리지 않음과 동시에 타인이 공유한 의견에 귀를 기울이는 것입니다. 문화와 분야, 업계, 연령 등은 우리가 서로 협력하는 데 장애물이 되지 않습니다. 오히려 각양각색의 다른 사람들과 공유하면서 서로에 대한 이해를 마다하지 않는 게 중요합니다.

즉 상호이해란, 서로의 입장과 인생의 경험이 전혀 다른 우리들이 어떻게 하면 상대와 공통의 가치를 찾아내고 공유할 수 있을지에 대한 소양입니다. 그러므로 지속 가능성이 매우 중요합니다. 다시 말해, 문제 해결 프로세스에서 자신과 다른 생각과 입장에 있는 사람과의 접촉을 두려워하지 않는 자세가 바로 상호이해입니다.

세 번째 조건은 공화입니다. 서로 교류하고 공통의 가치를 찾아내는 것을 중국어로 '공화(共和)'라고 합니다. 원래 아메리카 인디언의 말 중 '공동으로 일을 하다'는 의미를 가진 'Gung Ho'를 중국어 共和(gònghé)로 차용한 것입니다. 상호이해의 프로세스에서 각자의 가치관을 확인할 수 있습니다. 그것을 항상 머리에 새기고 어떻게 하면 모두가 받아들일 수 있는 가치관을 찾아낼 수 있을지 생각하면서 함께 작업하는 것, 그것이 바로 공화입니다.

자발성, 상호이해, 공화. 바로 이 세 가지 조건이 소양의 핵심이 되는데, 각각의 조건에는 여러 가지 다른 측면이 있습니다. 예를 들어 앞에서 설명한 프로그래밍 사고는 과학기술을 이용하여 보다 많은 사람과, 보다 많은 방법으로, 보다 정확하게 상호이해를 지원하는 면이 있습니다. 이것은 소양의 핵심이 되는 조건 중 하나인 상호이해가 갖는 다른 측면입니다.

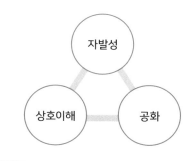

그림4 디지털 사회가 우리에게 요구하는 세 가지 소양

스마트폰용 사전 만들기에서 시작된
'모에딕' 프로젝트

그럼 디지털 소양을 갖추려면 구체적으로 무엇이 필요할까요? 제 경험에 빗대어 말하면 많은 사람이 공통으로 관심을 가지는 특정 주제를 찾아서 거기에 있는 문제를 어떻게 하면 해결할 수 있을지 함께 생각해 보는 것입니다. 이러한 작업을 통해 자연스럽게 디지털 소양이 키워집니다.

예를 들어 어떻게 하면 좀 더 사용하기 편리한 백과사전을 만들 수 있을까를 주제로 생각해 봅시다. 모두가 함께 위키피디아를 편집하자는 하나의 방향성이 나타날 수 있습니다. 또 좀 더 편리한 지도가 필요하다면 거리 뷰 기능이 있는 지도를 만들자는 생각을 할지도 모릅니다. 지금보다 높은 수준의 공공 서비스가 필요하다면 'g0v'(gov-zero, 영시정부, 대만의 시민 참여 사이트)와 같은 단체에 가입하는 것도 좋겠지요. 요컨대 우선 같은 관심사를 가진 사람들을 찾고, 그곳에서 모두에게 도움이 되는 것을 함께 만드는 것입니다. 결국은 자신이 할 만한 가치가 있다고 생각한 것을 실행함으로써 상호 교류하고 돕게 됩니다. 이는 소양을 키우는 최선의 방법이 됩니다.

　실제로 제가 참여한 사례 중에 '모에딕(萌典, MOE)'(https://www.moedict.tw/)이라는 온라인 중국어 사전을 소개하려고 합니다. 이 사례는 'g0v'를 통해 실현한 프로젝트 중 하나입니다. '모에딕'을 만들게 된 계기는 스마트폰에서 사용하기 편리한 중국어 사전이 필요했기 때문입니다. 대만 교육부가 제작한 인터넷용 사전은 컴퓨터에서만 사용할 수 있다는 한 친구의 볼멘소리가 계기가 되어 스마트폰에서도 사용할 수 있도록 사전을 개편해 보기로 한 것입니다.

　사전의 설계를 시작하고 보니 중국어뿐만 아니라 객가어(客家語)[36]와 대만어, 나아가 영어, 프랑스어, 독일어 등 다양한 언어에 대응하는 사전을 만들 수 있다는 것을 알게 되었습니다. 우리는 오픈소스 방식으로 진행하고 있었기 때문에 아미(Ami)족[37] 사람이 아미어 사전까지 넣어 개편이 이루어졌습니다.

36　* 광둥, 광시, 푸젠, 장시 등의 지역에서 사용하는 중국어 방언.

37　* 대만 원주민 부족 중 하나로, 대만 동부의 평지에 사는 고산족이다.

처음에 우리가 해내려던 건 스마트폰용 중국어 사전을 만들고 싶다는 것이었지만, 오픈소스 형식을 취한 덕분에 누구나 이 프로젝트에 참여할 수 있었습니다. 게다가 우리에게 동의를 구하지 않고도 자유롭게 추가하고 수정할 수 있었습니다. 때문에 아미족 사전을 넣고 싶으면 스스로 반영시킬 수 있었던 겁니다.

그 결과 한 단어를 찾아보면서 여러 언어를 참조할 수 있는 사전이 완성되었습니다. 예를 들어 모에딕에 '완샨(完善)'(중국어로 '완벽'이라는 의미)이라는 단어를 입력하면 대만어, 객가어, 영어, 프랑스어, 독일로 단어가 검색됩니다. 그리고 '선(善)'이라는 글자를 클릭하면 '좋다', '선량하다'와 같은 의미 설명과 몇 가지 예문도 보여줍니다. 여기에 대만어로는 뭐라고 읽는지, '선'이라는 글자가 들어간 속담에는 어떤 것이 있는지도 보여줍니다.

주된 용도는 중국어 단어를 찾기 위함이겠지만, 이외에도 다양하게 활용할 수 있습니다. 예를 들어 대만에는 중국어 발음과 성조를 표기하는 '병음(拼音)' 방식과 대만에서 주로 사용되는 '주음(注音)' 방식이 있는데 모에딕에서는 모든 발음 기호가 동시에 보여집니다. 때문에 대만어를 학습하는 사람들에게 최적화되어 있습니다.

또 지역에 따라 다른 여러 종류의 방언의 발음도 들을 수 있습니다. 예를 들어 '발아(發芽)'라는 단어를 객가어로 검색하면 지방에 따라 다른 발음을 들을 수 있습니다. 속담도 발음을 들을 수 있고 아미어 발음을 들을 수도 있습니다. 아미어를 입력하면 아미어의 어미 변화도 배울 수 있게 되어 있습니다.

이처럼 모에딕에서는 다양한 언어로 검색할 수 있을 뿐 아니라, 병음과 주음, 부수, 획수로도 검색할 수 있습니다. 한마디로 전방위로 대응하는 사전이 되었다고 할 수 있습니다. 많은 사람과 함께 제작한 프로젝트인 모에딕은 2013년에 시작되어 현재도 계속되고 있습니다. 발음은 누군가 직접 녹음하거나 기계로 합성한 음성이고, 원래 교육부가 가지고 있던 음성도 있었습니다.

저는 이 사전의 저작권을 포기했으므로 누구나 무료로 사용할 수 있습니다. '제작자인 오드리 탕은 법률이 허가하는 범위 내의 권리를 포기했다. 이 권리는 모든 관련·인접 법률적 권리를 포함하며 공중(公衆)을 위해 이용될 수 있는 것으로 한다'고 쓰여 있듯이 누구나 '내가 만들었다'고 말해도 되고, 수정할 때 저에게 물어볼 필요도 없습니다. 무엇이든 공개되어 있으므로 누구나 수정할 수 있습니다. 시시각각 수정되고 추가되기 때문에 모에딕은 늘 미완의 사전입니다.

모에딕에는 안타깝게도 한국어는 포함되어 있지 않습니다. 왜냐하면 이 사전은 저작권을 포기한 소스에 의존하고 있기 때문입니다. 프랑스어, 독일어, 영어는 이러한 오픈소스 기반의 사전 프로젝트가 있어서 저작권을 포기한 사전을 이용할 수 있었습니다. 한국어 사전은 아직 저작권을 포기한 소스를 찾지 못했습니다. 저작권을 포기한 사전이 아니면 이용할 수 없으니 혹시 그런 소스가 있다면 알려주길 바랍니다.

'모에딕'이라는 명칭이 궁금한 분이 있을지도 모르겠습니다. 원래 이 사전은 대만의 교육부가 만든 중국어 사전을 기초로 하고 있습니다. 영어로 교육부는 Ministry of Education이고 약칭은 'MOE'입니다. 또 MOE를 읽으면 일본어 '모에(萌え)[38]'와 유사한 발음이기도 합니다. 모에딕 사전에 아직 일본어가 포함되어 있지 않지만 조금은 관련이 있다고도 할 수 있습니다. 모에딕(萌典)에서 쓰이는 '맹(萌)'이라는 글자는 '맹아(萌芽)'와 같이 '앞으로 새로운 일이 시작된다'는 의미가 있습니다. 이러한 의미가 더해져 '모에딕'이라는 명칭이 만들어졌습니다.

앞서 언급했듯이 교육부가 만든 인터넷용 국어사전을 스마트폰에서도 사용할 수 있도록 하려던 것이 프로젝트의 시작이었습니다. 아이디어를 낸 예핑(葉平)이라는 친구는 미국에 살고 있습니다. 그는 이 아이디어를 내고 나서, 모두와 공동으로 어떤 단계를 거쳐 만들어 나갈지 방안을 구상해 나갔습니다. 대만과 미국은 시차가 있어서 친구가 자는 동안에 대만에서는 작업이 진행되었고 대만에서 작업이 끝난 즈음에는 친구가 일어나서 작업을 이어가는 방법

---

38   ** 어떤 인물이나 사물에 대해 품는 호의적인 감정을 나타내는 속어. 본래의 사전적 의미는 '싹트다'.

으로 추진했습니다. 이런 식으로 마치 친구들끼리 이러쿵저러쿵 이야기를 나누듯이 만들어 온 것이 바로 이 사전입니다.

디지털에 필요한 세 가지 소양을 자발성, 상호이해, 공화라고 했는데, 바로 이 세 가지 소양이 합쳐져서 완성된 것이 '모에딕'인 셈입니다.

STEAM+D 교육의 근간을 이루는
과학(S)과 기술(T)

디지털의 진전에 따라 사이언스(Science＝과학), 테크놀로지(Technology＝기술), 엔지니어링(Engineering＝공학), 아트(Art＝예술), 매스매틱스(Mathematics＝수학)를 통합적으로 학습하는 STEAM 교육의 중요성이 강조되고 있습니다. 최근에는 디자인(Design)이 더해져 'STEAM+D'의 경향이 나타나는 추세입니다.

앞 두 글자 S와 T, 즉 과학과 기술 교육의 중요성은 이전부터 강조되어 왔습니다. 여기에 과학기술의 응용인 공학(Engineering)과 과학기술의 근간인 수학(Mathematics)이 더해졌습니다. 하지만 이 두 가지 교육은 과학과 기술의 연장선상에 있습니다. 그렇다면 단순히 이 두 가지를 어떻게 사용할지 알려주기만 하면 되지 않겠냐는 의견도 제기되겠지요.

그러나 사용법을 아무리 알려줘도 의미가 없습니다. 과학과 기술을 언제, 무엇을 위해, 어떻게 활용할 것인지 등을 파악해야 합니다. 스스로의 창의성이 중요한 것입니다. 결국 과학과 기술을 혁신하기 위해서는 창의성을 빼놓을 수 없습니다. 그래서 창의성을 키우는 길로 이어지는 예술(Art)이 추가된 것입니다.

하지만 예술을 창조하는 것이 특정 목적을 위해서만 쓰이는 것은 아닙니다. 예술은 때로는 전혀 목적 없이 창조되는 경우도 있습니다. 무언가 목적을 가지고 창조한 것은 '디자인'이라고 부릅니다. 그래서 디자인(Design)이 더해졌습니다.

여담으로 이것은 원래 레즈비언(Lesbian)과 게이(Gay)를 'LG'라고 불렀는데 이것만으로는 성소수자를 망라할 수 없어서, 바이섹슈얼(Bisexual)과 트랜스젠더(Transgender)를 추가하여 'LGBT'로 부르게 된 것과 같은 맥락입니다. 현재는 또 다른 마이너리티가 더해져 'LGBTQ', 'LGBTQIA', 'LGBTQIA+'라고도 부르고 있습니다.

어찌 되었건 'STEAM+D' 교육이라도 근간은 과학과 기술(S와 T)에 있습니다. 교육이 진전되면 될수록 다양한 분야를 계속해서 반영하고 싶겠지만, 저는 핵심은 과학과 기술에 있다고 생각합니다. 그 이유는 과학기술은 하나의 커뮤니티이자 자신의 생각과 실험을 발표하는 일에 주저하지 않는 영역이기 때문입니다. 그것은 소셜 이노베이션의 출발점이 되는 공간이며 거기서부터 사회는 발전해 나가기 때문입니다. 그런 의미에서 보다 많은 사람이 과학자, 기술자가 될 수 있도록 하는 것이 중요하며 그러려면 과학기술 분야를 좀 더 열어나가는 것이 중요합니다.

일반적으로 생각하는 과학자는 하나의 업무 혹은 직업이지만, 최근에는 하루 중에 아주 짧은 시간을 할애하여 공헌하는 것만으로도 '시민과학자'가 될 수 있다는 사례가 점차 알려지고 있습니다. 예를 들어 대기와 수질 등을 측정하여 인터넷 플랫폼에 데이터를 보내기만 해도 과학자의 일원이 될 수 있습니다. 즉 그러한 행위를 통해 과학 분야의 가설 형성과 검증, 나아가 발표에도 참여하게 됩니다. 하루 전체를 할애하지 않아도 누구나 같은 관심사나 소망을 가진 사람들과 함께 과학이라는 큰일의 일부분을 담당할 수 있습니다.

이러한 행위를 통해 그 사람의 공헌이 알려지게 되면 더 큰 공헌을 하고자 하는 동기 부여(Motivation)로도 이어집니다. 그러므로 과학 커뮤니티의 발전은 열린 방식을 통해, 많은 사람이 과학자는 무엇을 하는지 이해하는 것에서부터 시작된다고 생각합니다.

과학기술로는 해결할 수 없는 문제에 대처하기 위해 미(美)의식을 키운다

민주주의 사회에서 일하려면 보는 사람에게 친근감을 주어야 합니다. 보는 사람에게 혐오감이나 당혹감을 준다면 아무도 참여하려고 하지 않기 때문입니다. 아무도 참여하지 않는 민주주의는 그저 형식에 불과합니다. 일부 전문가의 참여만으로는 실제로 아무에게도 친근감을 줄 수 없을 뿐만 아니라 관심도 받지 못하는 상황에 빠지기 십상입니다.

그런 상황이 되면 사회적인 문제에도 관심을 갖지 않게 되어 민주주의는 사실상 소수의 사람이 대다수의 일을 결정하는 것으로 변해버립니다. 그러므로 민주주의를 건전하게 발전시키려면 '어떻게 만들어야 사람이 쉽게 다가오는 것으로 만들 것인가?'가 핵심이 됩니다.

이것은 매우 중요한 관점인 동시에 일종의 미의식, 즉 미적 감각이 요구되는 문제입니다. 다양한 문제에 적극적으로 맞서서 스스로의 가치관과 미의식에 비추어 '이것은 나쁘지 않다', '이것은 훌륭하다'라고 반복적으로 경험하면서 세계에는 나와는 다른 성향도 있다는 것을 파악할 수 있기 때문입니다. 무관심하면 이를 깨닫지 못합니다. 그런 의미에서 어떤 문제에 대해 '어떠한 견해를 가질 것인가', '어떠한 느낌을 받을 것인가'에는 그 사람의 가치관이나 미의식이 깊이 관련됩니다. 우리가 오픈 거버먼트로 추진하고 있는 주제를 예로 들어 이러한 일과 미의식에 대해 살펴봅시다.

제 집무실이 있는 사회창신실험센터 건물 내 창고에는 중국 대륙의 고궁(故宮)에서 옮겨온 여러 아티스트의 작품이 보관되어 있습니다. 이 아티스트들은 여러 정신질환을 앓았다고 알려졌습니다. 우리는 이곳에 정신질환을 회복하고 장기적인 재활을 해야 하는 사람을 가이드나 공동 창작자로 초대하는 계획을 추진하고 있습니다. 이는 그들에게만 보이는 관점으로 작품을 감상하게 하기 위해서입니다. 정신질환에는 다양한 종류가 있습니다. 그들과 예술가의 마음의 영역이 겹치는 부분은 정신질환을 겪지 않은 사람이 헤아릴 수 없는 부분이 있습니다. 그들이 그 세계로 우리를 안내해 주었으면 합니다.

미의식이란 개인이 가지는 심미안만은 아닙니다. 자신과는 전혀 다른 사람들과 연결되는 예술을 통해 자신의 시야를 넓히는 방법도 포함되어 있습니다. 어떤 방법이든 저는 그들의 눈높이에서 세계를 바라보고 싶습니다. 예술 작품이나 예술 공간은 개인이 원래 가지고 있던, 세계를 바라보는 견해를 바꾸게 합니다. '이런 시각도 있구나'라는 생각이 들게끔 해서 세계를 바라보는 눈을 뜨게 해주는 것입니다.

이러한 미학, 미의식의 개념을 함양하려면 아티스트나 디자이너의 창작 프로세스에 되도록 많이 참여하는 것이 중요합니다. 이를 통해 작품이 어떻게 창작되었는지 알 수 있고, 작가의 이념이 어디에 있는지, 소재를 어떻게 사용하는지, 작품을 어떻게 발표하는지를 알 수 있습니다. 그러므로 전람회에 많이 다니는 것보다(물론 그것도 유익하지만) 작가와 하루나 이틀 동안 함께 지내는 체험을 하면, 아름다움을 창작하는 힘을 더욱 잘 느낄 수 있을 겁니다.

제가 이처럼 예술적 감각과 예술 교육을 중시하는 이유는 기존의 가능성에 얽매이지 않게 하기 위해서입니다. 예술(Art)이란 자신이 바라본 미래의 어느 부분을 타인에게 보여줌으로써 미래의 가능성을 열어가고자 하는 것입니다.

만일 과학과 기술밖에 배우지 않았다면 누구나 배운 내용이 천편일률적으로 같아집니다. 결국에는 표준 답안을 단순 암기한 것에 지나지 않습니다. 그런 의미에서 과학과 기술만으로 사회의 구조적인 문제를 바꾸기란 지극히 어렵습니다.

과학과 기술은 기존의 프로세스를 최적화하고, 속도를 올려 보다 저비용으로 실행할 수 있게 하는 부분에는 공헌할 것입니다. 하지만 직면한 문제가 너무 크거나 복잡하면, 예를 들어 기후변화와 같은 문제에 대처해야 하는 경우 과학과 기술처럼 단면적인 사고만으로 문제를 해결하는 것은 불가능합니다.

그럴 때 기존의 틀을 벗어나서 창의력을 발휘하는 것이 매우 중요해집니다. 이러한 창의력을 기르려면 미의식이나 예술적 사고(Art Thinking), 디자인 사고(Design Thinking)와 같은 요소가 중요해질 것이라고 생각합니다. 또 문학적 소양도 중요합니다.

제가 매우 존경하는 개발자 선배가 있습니다. 그 선배는 '프로그램을 얼마나 능숙하게 작성할 수 있느냐는 모국어 운용 능력이 얼마나 우수한지에 달려있다', '글재주가 있으면 있을수록 프로그램을 잘 만들 수 있다'고 단언하곤 했습니다. 이상적인 프로그램을 작성해 내려면 머릿속에 있는 개념을 문자로 변환해야 합니다. 이 점은 문학과 같습니다. 프로그래밍의 코드와 문학의 운율이 다를 뿐입니다.

괴테는 희곡《파우스트》와 같은 대작을 썼는데 문장 하나하나를 읽어보면 장편시나 오페라처럼 압운이 달려있어, 글의 맛을 더하며 읽는 즐거움을 줍니다. 모국어를 자유자재로 구사할 수 있는 사람이 아니라면 압운의 묘미가 있는《파우스트》와 같은 큰 프로그램은 작성할 수 없겠지요. 그러므로 디지털 시대로 진전되어 갈수록 문학적 소양의 중요성은 점점 커져, 빼놓을 수 없는 가치가 되는 것입니다.

보편적 가치를 찾기 위해
사고방식이 다른 사람들과 어울리다

자신과 비슷한 경험을 해 온 사람들, 자신과 비슷한 사고방식을 가진 사람들하고만 교류하고 일하는 것이 합리적인 업무 진행이라고 생각할지도 모릅니다. 하지만 결국은 '에코 챔버(Echo Chamber) 현상'에 빠지게 됩니다. 닫힌 커뮤니티의 내부에서, 자신과 비슷한 의견을 가진 사람들 사이에 소통이 이루어져도 결국은 같은 의견의 반복이 계속될 뿐입니다.

이와는 반대로 자신과 전혀 다른 문화, 다른 세대, 다른 장소에 있는 사람의 이야기를 계속해서 듣다 보면 저절로 세계 공통의 보편적인 진실, 보편적인 의견이 있다는 것을 발견하게 됩니다. 그러면 세계 어느 곳에 있어도 소통할 수 있다는 것을 알 수 있습니다.

저도 세계 각지를 방문했지만 '자신들 세대만 쾌락을 향유하고 다음 세대에는 지구가 파괴되어도 상관없다'거나 '지구를 망가뜨리겠다'는 극단적인 의견은 들어본 적이 없습니다. 모두 다음 세대를 생각합니다. 그런 의미에서 '지속가능발전목표(SGDs)'는 누구나 납득할 수 있는 보편적인 가치관이라고 생각합니다.

보편적인 가치관이 존재하는 한편 앞서 소개한 '대만-미국 방역 해커톤'에서 한 미국인이 낸 의견처럼 저에게는 도저히 받아들여지지 않는 사고방식도 존재합니다. 응급의료시스템에 익숙한 우리는 먼저 들어온 급한 환자부터 순서대로 치료하는 것이 적절하다고 생각합니다. 그러나 그 미국인은 앞으로 사회에 공헌도가 얼마나 남아 있는지를 판단하여 치료 기준으로 삼아야 한다고 합니다. 이 의견이 옳고 그른지 말하려는 것이 아닙니다. 그저 이런 사고방식도 있다는 것을 알아 두어야 한다는 것입니다.

설령 자신은 받아들일 수 없을지라도, 서로 다른 가치관과 사고방식이 있음을 알아 두는 것이 중요합니다. 가치관이 다른 존재를 의식하지 않는다면 어떤 사고방식이든 각각의 그룹에 속한 사람들은 자신들의 행동을 자연스러운 것이라고 여겨 의심하지 않게 되기 때문입니다. 그것은 창의력을 닫아버리는 길로도 이어집니다.

꼭 많은 지역, 나라를 다녀야만 다양한 사고방식을 알 수 있는 것은 아닙니다. 지금은 AI가 발달하고 기계번역이 실현되고 있기 때문에 손쉽게 인터넷을 통해 전 세계의 친구들과 서로를 이해할 수 있게 되었습니다. 인터넷과 디지털 도구를 활용하여 자신이 갈 수 있는 범위 내에서 여행하고 그 가운데 가능한 한 자신의 문화와 지금까지의 인생 경험과는 다른 친구를 발견하여 그들의 이야기를 들으면 된다고 생각합니다.

저는 유치원 세 곳, 소학교 여섯 곳, 중학교 한 곳을 다녔습니다. 전혀 의도한 일은 아니었지만 매년 다른 환경에 놓이게 되었습니다. 그 결과 세상에는 다양한 사람이 있고 다양한 의견이 있음을 자연스럽게 깨달았습니다. 이런 과정이 제 자신의 사고에 유익하게 작용하고 있음을 실감하고 있습니다.

모든 문제는 사람에게서 비롯됩니다. 그리고 문제를 해결하기 위해 AI에게 도움을 받을 수 있는 시대가 되었습니다. 그 전제로 필요한 것이 프로그래밍 사고, 예술적 사고, 디자인 사고와 같은 디지털 시대의 필수적인 사고 방법이며, 그 기반이 되는 것이 자발성, 상호이해, 공화라는 세 가지 소양입니다.

마치며:
디지털화 성공의 열쇠는 디지털 네이티브 세대가 쥐고 있다

대만에서는 열여덟 살부터 선거권을 가질 수 있습니다. 일반적으로는 선거권을 가진 사람들을 '시민'이라고 생각합니다. 그렇다면 열다섯, 열여섯 살의 청년은 '시민'이라는 개념에 속하지 못하는데, 대만의 청년들은 그런 것에 개의치 않고 열둘, 열세 살의 소년, 소녀들도 자신들을 '시민'이라고 생각합니다. 대만의 청년들이 가진 강점입니다.

열여덟 살이나 스무 살이 되어야 민주주의 사회에 참여할 수 있는 것이 아닙니다. 실제로 예닐곱 살의 아이들이 '다양한 형태의 공원에서 놀게 해 달라'고 부모에게 주장하며, 자신의 요구가 받아들여지도록 '환아특색공원행동연맹(還我特色公園行動聯盟)(특색 있는 공원을 위한 행동연맹)'이라는 조직을 만들었습니다. 이 조직의 구성원은 공원에서 놀아야 하는 예닐곱 살의 어린이들과 그 부모입니다.

공원이라는 단어의 '공(公)'에는 '모두의 장소'라는 뜻이 있습니

다. 그러므로 모든 사람은 공원에 대한 발언권이 있고 그 사용법은 모두가 함께 정하게 됩니다. 이 문제에 대해 이야기하려고 아이들이 열여덟 살이나 스무 살이 되기까지 기다릴 필요가 없습니다.

이러한 주장을 적극적으로 하는 것이 대만 청년들의 특징입니다. 물론 당연한 것은 아니지만, 청년들이 어떠한 형태로든 정치에 관여하여 스스로의 의견을 표명하는 것은 사회를 바꾸는 길로 이어지고 그들 자신의 자신감이 되기도 할 것입니다.

저를 포함해서 계엄령을 경험하며 성장한, 현재 서른다섯 살 이상의 사람들 중에는 국제적인 기준에서 볼 때 대만에 대해 자신감을 가질 수 없다고 생각하는 사람이 많을 것입니다. 실제로 대만 내 대학교에 진학한 후에 미국에 유학을 간다는 이야기를 자주 들었습니다. 우수한 인재는 국외로 간다는 분위기가 있던 겁니다.

다만 우리보다 나이가 어린, 젊은 사람들은 계엄령 시대에 억압된 기억이 없을 뿐만 아니라 대만이 아시아 내에서도 상위 수준의 자유를 누리고 있음을 알고 있습니다. 그러므로 국제사회에서 대만이라는 국적에 자신감을 갖고 있을 뿐 아니라, 대만을 떠나 다른 나라로 유학을 가는 것이 낫다는 생각도 하지 않습니다. 지금은 인터넷이 발달해서 대만의 것도 전 세계에서 주목을 받을 수 있습니다. 또 타피오카 펄 밀크티나 샤오룽바오, 대만 드라마, 게임 등 대만에서 전 세계로 전해지는 것도 많습니다.

이러한 자신감을 바탕으로 대만 청년들은 입법원을 점거하여 민주화를 전진시켰으며, 당당하게 자신들의 의견을 주장하여 기성세대를 멈추고 다시 생각하게 만들었습니다.

물론 각 나라마다 걸어온 민주주의의 역사가 다르기 때문에, 모든 청년들에게 똑같은 행동을 바라는 것은 아닙니다. 다만 대만의 청년들은 스스로 행동하여 민주주의를 만들어 온 것에 일종의 자신감을 가지고 있고, 자신들의 주장에 기성세대가 귀를 기울인다고 생각합니다. 만일 청년들이 '자신들에게는 강한 조직력이 없어서 기성세대를 설득할 수 없다'고 믿고 있다면 그것은 '내가 투표한들 겨우 한 표로는 아무것도 바뀌지 않는다'는 생각과 별반 다르지 않겠지요.

대만의 모든 세대는 젊은 시절에 비민주적인 사회를 경험했습니다. 점차 민주적인 사회로 변화해 왔지만, 이를 위해 투쟁한 것이 청년들임을 모두가 기억하고 있습니다. 또 지금 50대, 60대는 자신이 젊었을 때 일어난 들백합 학생운동이 대만의 민주주의를 이끄는 원점이 되었음을 기억하고 있기 때문에, 지금의 청년층이 보다 나은 민주주의를 바라며 행동하는 것을 소중히 여깁니다. 바로 이것이 대만이 가진 큰 장점이라고 생각합니다.

사회를 움직이는 일은 정부 관료와 공무원이 해야 할 일이라고 여길지도 모릅니다. 물론, 정부 관료와 공무원은 말할 것도 없이 우수한 사람들이겠지요. 중앙정부에서 일하는 사람들이니 당연히 학업 성적도 우수했을 겁니다. 그러나, 민간에서 일하는 사람들이나 아직 선거권이 없는 열다섯, 열여섯 살의 어린 청년들도 정부 관료와 공무원 못지않게 중요한 사람들입니다.

특히 열다섯, 열여섯 살의 청년들은 디지털 네이티브 세대로, 태어났을 때부터 인터넷과 디지털을 접한 세대입니다. 반면에 우리 세대는 열 살에서 스무 살 정도 사이에 처음 인터넷과 디지털을 접했으니, 디지털 네이티브가 아닌 '디지털 이민자'가 됩니다. 그렇게 생각하면 이 분야에서는 지금의 청년층이 선배입니다. 바꿔 말하면 '디지털 선주민'이라고 할 수 있겠지요. 청년층이 앞으로의 시대를 이끌어 나가는 것은 틀림없는 사실입니다. 그렇기 때문에 청년층이 정치에 참여하기 수월한 환경을 갖추는 것이 중요한 것입니다.

미래는 청년들에게서 찾아옵니다. 그러므로 저도 디지털 네이티브인 그들에게 배우고, 그들이 미래의 방향성을 제시해 주기를 바랍니다. 필요한 에너지와 지원을 제공하는 것은 우리이지만 미래의 방향성을 알리고 키를 잡는 것은 젊은 당신들입니다.

해외에서도 청년층이 보다 적극적으로 사회에 참여하고 누구나 살기 편한 사회를 구축해 나가기를 기대합니다. 그 프로세스에서 우리가 함께 행동할 수 있는 일이 분명 많이 있으리라 생각합니다. 저도 가까운 미래에 해외 여러분들과 함께 일하게 될 날이 오기를 진심으로 기대하고 있습니다.

저자의 말

끝까지 읽어 주셔서 감사합니다. 어릴 적부터 아버지 서재에 틀어박혀 책과 친하게 지냈지만, 첫 저서가 되는 이 책을 외국 출판사[39]와 그것도 대만과 일본을 온라인으로 연결하여 토론을 하며 만들어 내는 경험은 처음입니다.

그동안 한 시간 정도의 짧은 인터뷰는 매일같이 해 왔습니다만, 정무위원의 일을 소화하면서 약 3개월에 걸쳐 총 20시간 이상의 취재를 받는 장기 프로젝트는 제게도 무척 신선하고 흥미로운 일이었습니다.

대만과 일본은 당연히 언어의 차이가 있고 가깝다고는 해도 걸어서 왕래할 수 있는 거리는 아닙니다. 게다가 올해(2020년)는 코로나19로 국제적 왕래가 차단되어 물리적 이동이 불가능했습니다.

39　*이 책의 원서는 일본에서 《オードリー・タン デジタルとAIの未来を語る》라는 제목으로 2020년 출간된 도서이다.

이러한 상황에서 나온 이 책은 그야말로 디지털 기술이 만들어낸 책입니다. 그리고 제가 말하는 중국어를 정확하게 번역한 것은 AI가 아닌 실제 사람입니다. 이 책은 현실과 디지털의 공동 작업(Collaboration)이 국경을 넘어 현실화된 새로운 사례라고 할 수 있습니다.

이번 코로나19는 국제적으로 사람들의 왕래에 큰 방해가 되었지만 한편으로 전 세계 사람들의 디지털 세계 안에서의 소통과 네트워크의 결속이 보다 한층 견고해지는 계기가 되었다고 생각합니다. 전 세계의 '지(知)'의 네트워크가 더욱 넓어지기를 기대합니다.

마지막으로 제가 좋아하는 캐나다의 싱어송라이터이자 시인이기도 한 레너드 코헨(Leonard Cohen)의 노랫말 한 구절을 소개하며 마무리하려고 합니다.

'모든 것에는 갈라진 틈이 있다. 그리고 그곳으로
빛이 들어온다'

- <Anthem>

만일 당신이 무언가 부조리하다고 여기고 주목을 받지 못해 분노와 초조함을 느낀다면 그 감정을 건설적인 에너지로 바꿔 보세요. 그리고 스스로에게 묻고 답해 보세요. '이러한 부조리가 다시는 일어나지 않도록 나는 사회를 향해 무엇을 할 수 있을까'라고 말입니다.

그 물음을 분노에 맞서 품고 있다 보면 분노는 건설적인 에너지가 됩니다. 그러면 누군가를 공격하거나 무언가를 비난하지 않고 긍정적인 새로운 미래의 원형을 만드는 길에 머무를 수 있습니다. 그리고 당신이 발견한 틈으로 다른 사람들이 참여하면서 그곳을 통해 빛이 들어올 겁니다.

이 세계는 완벽하지 않습니다. 결함과 문제점을 찾아내고 그것에 대해 진지하게 마주하는 것이 지금 우리가 여기에 존재하는 이유입니다.

2020년 11월
타이베이 시내
사회창신실험센터 내 집무실에서
오드리 탕

찾아보기

숫 자

1922	023
3F	049
5G	035
823포전	076

한 글

ㄱ

가라타니 고진	095
간체자	083
개방정부연락인	130
객가어	216
계엄령	106
계파	143, 160
공각기동대	095
공감 능력	061
공공디지털혁신센터	130
공융	165
공화	178, 214
괴테	226
교차성	165
교환양식X	096
국가언어발전법	181

국립공중대학	202
국민개보험제도	024
국민당	106, 114
국민당군	075
그레이트 파이어월	175
글렌 웨일	101
기술적 특이점	042

ㄴ

난터우현	203
내정부	036
논리철학논고	089

ㄷ

다안썬린 공원	151
다케모토 나오카즈	065
단수이	077
단하이 신도시	077
대만-미국 방역 해커톤	170, 227
데이터 라벨링	038
도라에몽	058
동성혼	161
들백합 학생운동	106
디자인 사고	211
디지털 네이티브	232
디지털 담당 정무위원	021, 125
디지털 전환	187
디지털 학습 파트너	193
딥러닝	047

ㄹ

라오메이	077
래디컬x체인지	101

레너드 코헨 234
록다운 015
루강 075
루강샤오전 111
루트비히 비트겐슈타인 089
룽창 075
뤄다유 111
리더차이 093
리덩후이 063
린취안 125

ㅁ

마스크 지도 026
마음의 자전거 042
마이너리티 158
마잉주 126
매직: 더 개더링 078
모에딕 216
무정부주의 110
문개서원 076
민진당 113

ㅂ

반 시게루 203
배리어 프리 056
백색테러 115
번체자 083
범주론 173
벡터 100
병음 217
비판적 사고 079
빈학파 090

ㅅ

사스 016
사회창신실험센터 152
산파술 079
상호이해 213
설명 책임 052
세인트 세이야 204
소셜 이노베이션 147
수면학습 048
수심쾌수 093
시빅 인게이지먼트 147
시빅해커 026
신경망 052
신대만인 121
신세기 에반게리온 053
신현부락 194
심실중격결손증 085
쑤전창 065
쑨원 115
쓰촨성 075

ㅇ

아나키스트 110
아나키즘 110
아미족 216
아시아·실리콘밸리 계획 174
언어게임 이론 090
에코 챔버 226
예술적 사고 211
오픈 거버먼트 151
오픈소스 운동 092
외성인촌 077
요요(悠遊)카드 024
우라이 062
우편국 020

위생복리부 014
이노베이션 018, 066
인지증 056
인클루전 069, 071
일본통치시대 075
입법위원 130

ㅈ

자발성 213
자신인문화사업공사 091
재판관 제도 154
전민건강보험제도 027
전민건강보험카드 024
정보 격차 024
젠더 뉴트럴 164
종이교회 203
종자학교 194
주음 217
중국시보 078
중앙전염병지휘센터 014
중일전쟁 075
중정기념당 116
지속가능발전목표 146
지수 111
직접 공민권 115
진리표 089
진먼다오 076
진흥3배권 067
질병관제처 020

ㅊ

차이유링 126
차이잉원 014, 113
창구수보보 168

천뢰안 118
천수이볜 144
천스중 029
천안문 사태 105
천젠런 016
청은공창 064
총통배 해커톤 167

ㅋ

캐시리스 024
커뮤니티 칼리지 070
컴퓨팅 사고 212
코로나19 014
크리에이티브 씽킹 079
크리티컬 씽킹 079

ㅌ

타오위안 174
타이둥 072, 194
타이야족 062
타치코마 095
탕쭝한 159
탕펑 159
트랜스젠더 158
트랜스크리틱: 칸트와 맑스 095

ㅍ

파우스트 226
파워 보조 슈트 064
판데르발스의 힘 177
푸구이자오 077
푸젠성 076
프로그래밍 사고 211

프로젝트 구텐베르크 082
프리 소프트웨어 운동 093

ㅎ

학습 데이터 039
해바라기 학생운동 105
행정원장 041
허진밍 093
흑모화우 063

로 마 자

A

Accountability 052
Art Thinking 211

B

Barrier Free 056
Bicycle of Mind 042

C

Category Theory 173
CECC 014
Civic Hacker 026
Cohack 170

D

Data Labeling 038
Design Thinking 211
Digital Divide 024
Digital Transformation 179
DX 179

E

EMBA(Executive MBA) 204

F

Fast, Fair, Fun 049
FusionSearch 093

G

g0v 216
G6PD 결핍증 132

H

Han Convert 083
Humor over Rumor 050

I

I love elephant and elephant loves me 128
IETF 124
Intersectionality 165

J

Join   126

L

Leonard Cohen   234
LGBT   221

N

Neural Network   052
NPO   070

O

Open CC   083

P

PDIS(Public Digital Innovation Space) 130, 136
PO(Participation Officer)   137
Programming Thinking   211

S

SARS   016
Save the Water Babies   168
SGDs   227
Siri   094
STEAM   220
STEAM+D   221
Sympathy   061

T

Taiwan Can Help   15, 120
Technological Singularity   042
TFT(Teach for Taiwan)   194
TSMC   185

V

vTaiwan   126

W

W3C(World Wide Web Consortium)   124